LA PSICOLOGÍA DEL TAROT

LAURA VALLI

LA PSICOLOGÍA DEL TAROT

En busca del lenguaje arquetípico de los Arcanos Mayores

Con las cartas del tarot psicológico y de los 22 Arcanos Mayores ilustrados por Laura Calaon

EDICIONES OBELISCO

Colección Cartomancia y Tarot
La psicología del tarot
Laura Valli

Título original: *La psicologia dei tarocchi*
1.ª edición: febrero de 2025

Traducción: *Manuel Manzano* - Maquetación: *Isabel Also*
Corrección: *M.ª Jesús Rodríguez* - Ilustraciones: *Laura Calaon*

Edita: Ediciones Obelisco, S. L.
Collita, 23-25. Pol. Ind. Molí de la Bastida
08191 Rubí - Barcelona - España
Tel. 93 309 85 25 - E-mail: info@edicionesobelisco.com

ISBN: 978-84-1172-220-9 - DL B 16685-2024

Printed in China

INTRODUCCIÓN

Este libro es, con toda probabilidad, diferente a todos los que has leído sobre tarot hasta ahora.

No explica significados adivinatorios, no enumera figuras para memorizar, no apoya tal o cual corriente ocultista, ni prevé el esclarecimiento de facultades proféticas, y, sin embargo, al final de su lectura, sabrás «leer las cartas».

Este libro es un viaje:

> Jung: «Esto sucedió en momentos cruciales de mi vida. Acepté dejarme llevar por la corriente sin saber a dónde me llevaría. Intenté resistir, oponerme a la fuerza que me arrastraba, pero siempre resultaba derrotado. He experimentado lo agotador que es oponerse a esa corriente y lo beneficioso que es confiar en ella

sin reglas. He aprendido, a lo largo de los años, a dejarme llevar por ella».

Sandler: «Dices, por tanto, que debemos creer que esa fuerza existe, y que está de nuestro lado, precisamente en esos momentos en los que todo parece perdido».

Jung: «No sé si deberíamos creerlo. Ni yo mismo lo creo. Soy consciente de ello, es diferente. Sé que hay una fuerza que sabe a dónde llevarnos: nos lleva exactamente a donde necesitamos para realizar nuestro devenir. Conocerse a uno mismo es un imperativo bien sabido, pero olvidado por muchos. Convertirse en uno mismo no es sólo un imperativo, ¡es el *telos*[1] de nuestra existencia! Si el sentido de la vida es que nos ha planteado un problema, ese problema es nuestro devenir».[2]

Las cartas del Tarot nos sumergen en ese devenir, no tanto por el carácter que se les atribuye como herramienta predictiva sino como sistema imaginativo de un universo psíquico que nos estructura y va más allá de nosotros mismos, nos interroga y nos responde, nos proyecta a otras dimensiones, recuerda puntos de vista,

---

1. *Telos*: Término griego traducible como 'fin', 'meta', 'objetivo'.
2. Quaglino G. P., Romano A.: *A colazione con Jung*, Raffaello Cortina Editore, Milán, 2012.

recoge las energías que nos rodean y nos las devuelve, idénticas y nuevas, dispuestas a revelarse en el camino del acontecer.

La psicología *junguiana* ve la psique estructurada en tres áreas:

- La **Conciencia**, de la que el **Pensamiento** y el **Sentimiento** representarían las pautas racionales, como modos de ordenar, de dar razón a la vida, mientras que la **Intuición** y la **Sensación** poblarían la esfera irracional, ya que no pretenden ordenar la realidad sino acogerla en su perspectiva inmediata.
- El **Inconsciente personal**, lleno de materiales rechazados por la conciencia, según procesos de **selección** o **eliminación**.
- El **Inconsciente colectivo**: «El inconsciente colectivo se extiende a un ámbito más externo e ilimitado, entendido como un alma superindividual... en el sentido de que no tiene nada que ver con nuestra experiencia personal», pero que desarrolla una actividad psíquica totalmente autónoma.[3]

Y es precisamente **éste el ámbito al que pertenecen las cartas del tarot**.

---

3. Jung C. G.: *La struttura della psiche*, Boringhieri, ed. it., pág. 167, Turín, 1976.

De orígenes poco claros, en una historia atribuida progresivamente a los mitos egipcios, a los compendios alquímicos o incluso a la Cábala, el tarot parece derivar de una lenta evolución de los Triunfos del siglo XV con su representación alegórica de acontecimientos humanos en los que cada figura superaba a la otra por importancia y gloria.

Las memorias escolásticas de Petrarca, según las cuales el Amor, el Pudor, la Muerte, la Fama, el Tiempo y la Eternidad se persiguen obteniendo victorias dialécticas entre sí, son un ejemplo significativo de ello.

No es casualidad que los arcanos mayores lleven todavía hoy el nombre de Triunfos, en honor y recuerdo de un entretenimiento que pertenecía más a la historia de la educación cortesana que a la de la parapsicología.

Aunque pueda parecer una contradicción, el sentido adivinatorio y ocultista del juego se difundió predominantemente sólo en la época moderna, en contraste con el pensamiento racionalista, casi como para profundizar en una cultura alternativa al hipermaterialismo que, gradualmente, prevaleció por las revoluciones culturales que han ocurrido en los últimos siglos.

En ningún momento han florecido más que desde los años setenta las barajas de artistas y experimentos icónicos, que van desde interpretaciones de la serie de Marsella hasta cartas místicas, angelicales e iniciáticas, en una proliferación imposible de catalogar excepto como un esfuerzo titánico.

Paradójicamente, si los esoteristas de los siglos XIX y XX dieron impulso a tratamientos complejos sobre la evolución del hombre y la lectura del universo, sólo después de la revolución cultural de los años sesenta el tarot llegó al gran público y quedó relegado a una herramienta de interpretación de destino. Tanto es así que Dummet, un conocido filósofo inglés que estudió su historia, lamentó que éstas ya no estaban «basadas en teorías sistemáticas de la magia, sino en el capricho de los diseñadores».[4]

Sin embargo, precisamente la oportunidad de mirar hacia los mundos simbólicos más dispares nos permitió viajar a través de los arcanos de personalidades artísticas como Salvador Dalí, Renato Gottuso, Franco Gentilini, Ugo Nespolo, Manara, Iassen Ghiuselev, Hugo Pratt, sólo por nombrar algunos de los más conocidos por el gran público.

Se trata de investigaciones visuales de una potencia expresiva sin precedentes, señal de que la exploración de los arcanos mayores ha ejercido una fascinación indiscutible en el arte.

---

4. Dummet M.: *Il Mondo e l'Angelo. I Tarocchi e la loro storia,* Bibliopolis, Nápoles, 1993, pág. 480.

Esta epifanía se produjo, y parece seguir ocurriendo, de forma natural: el **lenguaje de las imágenes es más global que el habla consciente y, a menudo, sorprendentemente claro.**

Es absurdo, nos recuerda Jung, esperar que lo más pequeño pueda contener lo más grande, que el Ego consciente pueda pensar en gestionar el inconsciente personal y colectivo y el compendio de imágenes, sentimientos y devenir contenidos en ellas, así como también es absurdo poner un límite a la exploración de los recursos del alma.

El imaginario humano está poblado de figuras universales y las civilizaciones están atravesadas por estructuras psíquicas inmateriales más que por objetos concretos: son los arquetipos y no las transmigraciones de los pueblos y sus artefactos los que afectan a las redes de conexiones en la psique colectiva.[5]

He aquí, pues, la libertad de cada uno de apropiarse de las cartas del tarot, de distorsionarlas, de elaborarlas, en un acto revelador y creativo como aquel al que este libro quiere, en definitiva, conducirte.

Cada una de las 22 figuras te hablará de la propia psique, dará voz a la naturaleza esencial del propio arquetipo, en una

---

5. Widmann C.: *Gli arcani della vita,* Ed. Magni, Roma, 2010.

secuencia que encarna una especie de herramienta de diagnóstico de las energías que representa.

En este sentido, **las imágenes**, dibujadas por la artista Laura Calaon, **se conciben como un punto de partida, un marco de trabajo, no como una solución definitiva.**

Puedes muy bien crear las tuyas, navegar entre los significados icónicos, extender las acciones de cada forma, descubrir hacia dónde te lleva el Loco, qué acción sugiere el Carro, cómo es el mundo sideral en el que viajan tus Estrellas.

Lo que haremos aquí será **proponer un sistema de revelación de la palabra íntima de los arcanos mayores**, una síntesis del imaginario colectivo presente en las cartas y existente en nuestras vidas.

Nuestras vidas individuales, aunque tengan lugar en un presente eterno, a través de ese punto inmóvil, están de alguna manera conectadas con los hombres de todos los tiempos y lugares.

De esta sensación, de forma más o menos consciente, no podemos liberarnos de ninguna manera.

He aquí, por tanto, el significado de la epifanía de un código, del descubrimiento de una sintaxis, de la revelación del caos de signos que para un profano pueden parecer sin sentido.

Un acto revelador del simbolismo que impregna cada expresión y que, por definición, es un signo capaz de evocar una relación entre un objeto concreto y una imagen mental.

Si no se controlan, los mitos pueden influir en el comportamiento y en la conciencia misma de manera inconsciente. Si queremos evitar convertirnos en el hazmerreír de nuestras ilusiones, no podemos evitar tomar conciencia de ello.[6]

Sólo el alcance de esta expansión en tu lectura, la posibilidad de contener diferentes mundos, definirá, por tanto, los universos de lo cotidiano, de lo imaginario, de lo poético, del horror, de lo emocional, de lo sagrado, dependiendo del viaje que crees.

Cada tarot podrá proporcionarte las preguntas adecuadas sobre el devenir que exploras, así como recordarte la fuerza de leyendas inusitadas.

---

6. Larsen S.: ibíd., pág. 22.

PROPUESTA DE JUEGO

Todos los arcanos, objeto de estudio de este texto, se presentan con una parte introductoria que rastrea la **explicación** de su **esencia arquetípica**, el significado imaginativo de sus componentes narrados por la psique colectiva y los estudios analíticos, en particular los realizados por Claudio Widmann con una obra que se erige en una piedra angular de la lectura del tarot de la psique.[1]

Estamos en el campo de la historia de los símbolos, del estudio de los modelos, del conocimiento de los tejidos psíquicos que tejen las figuras.

---

1. Widmann C.: *Gli arcani della vita,* Ed. Magni, Roma, 2010.

¿Qué energías definen? ¿Qué expresan? ¿Quiénes son las personalidades principales? ¿Cuál es la atmósfera? ¿Qué se descubre, se pierde, se cambia por la unidad simbólica de cada arcano? Éstas son las preguntas que intentaremos responder, conscientes de la legitimidad de futuras investigaciones.

> Las cartas que nos ha repartido el destino provienen de una baraja reconocible, que, como las cartas del tarot, se compone de un número finito de arquetipos. La única diferencia es dejarse poseer por ellos o aprender a relacionarse con ellos estableciendo un diálogo creativo.[2]

Por ello, hemos seguido cada momento de aprendizaje con tarjetas para utilizarlas como herramienta de juego.

Imaginándonos como modernos creadores de Triunfos, las aproximaciones a cada carta serán introducidas por un mito, una historia que encarna su significado, de modo que el lector pueda captar o recuperar inmediatamente su recuerdo.

En la hoja hemos transcrito las preguntas universales que plantea el arquetipo.

---

2. Larsen S.: *L'immaginazione mitica,* Interno Giallo, Milán, 1992, pág. 18.

Sin ninguna pretensión de exhaustividad, queremos ofrecer una herramienta de reflexión sobre la cuestión que preocupa a quienes extraen la carta.

Como *storytelling*, hemos insertado en cambio una **síntesis** que recoge la esencia misma de la fuerza arquetípica.

Inspirándonos en la obra de Jodorowsky, hemos hecho hablar al tarot,[3] conscientes de cómo la experiencia poética deja espacio a la mitología creativa de cada uno.[4]

Una vez **planteada la pregunta**, **el primer tarot elegido** podrá plantear preguntas ignoradas o subestimadas, ofreciendo nuevas ideas para el análisis personal, mientras que **el segundo arquetipo extraído** realizará una **narración de referencias íntimas**, ya presentes en nosotros como arquetipos, y por lo tanto capaces de revelar energías subestimadas.

Se trata, por supuesto, de una hipótesis de uso, de un juego que no es exhaustivo ni terapéutico, pero, según nuestra experiencia, sí revelador.

Después de todo, la esencia misma y el arquetipo del juego es la de ser un espejo de la vida.

---

3. Jodorowsky A., Costa M.: *La via dei tarocchi,* Milán, Feltrinelli, 2014.

4. Larsen S.: *La imaginación mítica,* Milán, Interno Giallo, 1992.

En el juego se confunden el azar, el cálculo, la conciencia y el inconsciente, la fuerza de la personalidad y la del destino.

La propuesta de juego que se hace en este libro no es una excepción.

Conocerse a uno mismo es un imperativo conocido… Convertirse en uno mismo es el telos *de nuestra existencia.*

Pero el viaje es sólo tuyo.

LOS ARCANOS

I

EL HECHICERO O MAGO

Había una vez un trozo de madera. No era una madera lujosa, sino un simple tronco de leña del montón, de esos que alimentan las estufas y las chimeneas en invierno.

Tan pronto como el Maestro Cereza vio aquel tronco de madera, se puso muy feliz y, mientras se frotaba las manos, murmuró en voz baja:

«Quiero usarlo para hacer una pierna y una mesa».

Pero cuando estaba a punto de soltar el primer golpe, escuchó una vocecita apenas audible, que decía:

«¡No me pegues!».

Levantando el hacha de nuevo, le descargó un solemnísimo golpe al tronco de madera.

«¡Oh, me has hecho daño!» –gritó la misma vocecita.

Tomó el tronco de madera en su mano, y mientras lo revisaba de arriba abajo, escuchó la misma vocecita que le decía, ahora riendo:

«¡Para! ¡Me haces cosquillas!».

En ese momento alguien llamó a la puerta, y entró un anciano muy vivaz, que se llamaba Geppetto.

«Esta mañana» –dijo el viejecito–, «se me ha ocurrido una idea».

«Pues oigámosla».

«He pensado en fabricarme una bonita marioneta de madera. Pero una marioneta maravillosa, que sepa bailar, esgrimir el florete y dar volteretas. Así que quisiera un poco de madera para hacer mi títere. ¿Me la darías?».

El maestro Antonio, muy contento, de inmediato fue a coger del mostrador aquel tronco de madera que tantos temores le había causado, pero cuando estaba a punto de entregárselo a su amigo, el trozo de madera dio una sacudida y, resbalándose violentamente de sus manos, fue a golpear con fuerza las espinillas secas del pobre Geppetto.[1]

---

1. Collodi: *Le avventure di Pinocchio,* Bemporad Marzocco, Florencia, 1961, págs. 3-9.

EL ARQUETIPO: EL INICIO DE LA CREACIÓN

El número Uno para el arcano del Hechicero o Mago no es una connotación puramente numérica, preside la esencia misma de la carta.

El Uno es, de hecho, un arquetipo de unidad y unicidad: dividido por uno o multiplicado por uno, todo número sigue siendo el mismo. El Uno es portador del principio esencial del que todo se desarrolla y deriva, contiene el inicio de toda evolución y es capaz de tomar todas las formas porque es el caos primordial del que nace lo distinto.

El esoterista Elfias Levi[2] plasma una analogía entre la forma de los brazos que asume el Mago en el Tarot de Marsella, sosteniendo en una mano un palo apuntando al cielo y en la otra una copa, con la primera letra del alfabeto hebreo, *Aleph*, subrayando así la estrecha correlación con el simbolismo del comienzo. De hecho, la letra *Aleph* también es llamada «Espíritu», el aliento del que desciende toda la realidad.

Así, el Hechicero, de pie frente a su mesa, concentrado en manipular instrumentos y alambiques, personifica la figura de un

---

2. Célebre esoterista francés (1810-1875) que estableció una relación precisa entre las 22 letras del alfabeto hebreo y los Triunfos del tarot.

demiurgo[3] potencial. Expresa con su imagen el arquetipo de la energía, del instante sin espacio/tiempo que precede a lo creado.

Los Triunfos lo fotografían en el interior de las diferentes barajas en el momento en que está a punto de emanar el *fiat* de Yahveh que da vida a la Luz, o de pronunciar el *OM* sánscrito que evoca el comienzo del mundo, o de pronunciar la palabra de Toth, el dios egipcio que diseña el cosmos.

En las representaciones más clásicas luce un vistoso sombrero en forma de ocho, signo distintivo del potencial infinito que preside. En los arcanos más simbólicos se transforma en un caos primordial, en el que todo está presente, pero nada ha adquirido aún consistencia propia.

Esta dimensión magmática nos lleva a considerarla también como una representación del estado inicial de la psique del individuo.

Según Jung, de hecho, antes de la formación de la conciencia, existe un lugar informe en el que aún no todo ha comenzado.

El inconsciente no es un recipiente vacío que se va llenando poco a poco de experiencias de crecimiento, sino un hecho original, un primer punto, dotado de autonomía creativa propia.

---

3. Ser divino dotado de capacidad creativa y generativa.

El Mago se sienta en ese espacio del devenir aún no expresado; se encuentra en la línea divisoria entre la confusión subconsciente y la organización ordenada de la conciencia.

Ya sean energías psíquicas o del universo, el Mago encarna el momento de la manifestación de éstas.

Por eso su iconografía está siempre ligada a emanaciones misteriosas y en las cartas adquiere el perfil de un Mago, un Alquimista, una Divinidad mercurial.

A menudo todos los palos de los naipes están dibujados sobre su mesa: copas, espadas, bastos y oros, señal de que toda la baraja de la realidad se despliega desde la primera lámina del tarot.

Como principio omnipotente, el Mago contiene en sí mismo las semillas de toda evolución; su edad varía, y en las barajas adopta indiferentemente la apariencia de un adolescente, la de un mago sensato, la de una madre que acaba de dar a luz...

La vara que el Mago sostiene en su mano en las representaciones más típicas es siempre un eje de conjunción entre la Tierra y el cielo, como si el papel estuviera recogiendo energía del cosmos para dar vida a su creación, como si señalara unos arquetipos alto y bajo, como si señalara un mundo aún no manifestado que desciende hacia su manifestación.

Casi indiferente al destino del objeto creado, la figura del arcano rara vez mira a su espectador a los ojos. El Mago está distraído, concentrado en otra cosa, pero su acción nunca es inerte, expresa una vitalidad intrínseca, un movimiento, una propensión a evolucionar.

Si quisiéramos hacer una comparación emocional, el Hechicero/Mago sería similar a esos momentos de tensión personal que preceden a decisiones importantes, llenos de una excitación psíquica que lleva dentro de sí su propio devenir.

La imagen del Mago nos recuerda, en efecto, no sólo el comienzo de la vida psicológica, sino también cada situación en la que comienza un nuevo proyecto, una nueva aventura de la existencia.

Como Mercurio,[4] cuya iconografía sigue en algunas representaciones, el Mago precede a cada bifurcación, y acecha en los momentos de transición.

El arquetipo de los comienzos rige no sólo la creación material sino también toda creación psicológica, simboliza los pasajes de renovación que ocurren en nuestra vida, cada salto de conciencia, cada reformulación del campo de la existencia.

Las vidas de muchas personas pueden testimoniar los momentos en los que aparece el Mago: el ejecutivo exitoso que se da cuenta

---

4. Mercurio, mensajero de los dioses, era representado con alas en los pies y en la mano el caduceo, una vara con dos serpientes entrelazadas con la que conducía las almas de los difuntos al inframundo. En Arcadia se erigieron sus estatuas en los cruces de caminos.

de su insatisfacción laboral, el ama de casa cariñosa que de repente decide revolucionar sus relaciones, el drogadicto que llega al límite y toma la resolución de ingresar en rehabilitación, la joven muy deprimida que implementa una reacción interna que antes era misteriosamente impensable...

Además, la psique misma es originalmente indiferenciada, atemporal, desprovista de distinción entre lo interno y lo externo, ajena a las diferencias entre lo consciente y lo inconsciente; participa del mundo en una especie de indistinción mística, hasta el punto de que Newman habla de una existencia preconsciente[5] que precede a este proceso de diferenciación.

El propio Jung lo imaginó en el centro de una gran zona de inconsciencia en la que la conciencia constituye un desarrollo de adquisición progresiva.

El Hechicero da vida a esta evolución, invierte en formas específicas de actividad, asume diferentes aspectos y configura diferentes experiencias.

Mago y Alquimista, el poder creativo del Hechicero también puede mostrar el lado oscuro del charlatán.

---

5. Newman F.: *Psicologia del profondo e nuova etica,* Moretti & Vitali, Bérgamo, 2005, pág. 42.

Puede ocultar el hecho de que, en realidad, no es un creador, sino un narrador seductor, capaz de dar vida sólo a verdades falsas.

En su arquetipo de embaucador, la imagen del Hechicero, puede así encarnar la exteriorización de talentos personales que caen en el exhibicionismo, la espontaneidad del impulso vital sin rumbo, la levedad de la inconsistencia o la perenne juventud.

El arcano puede representar el potencial eterno que nunca encontrará su expresión concreta.

No es casualidad que el dios creador Thoth, mencionado al inicio de la exposición sobre la carta, estuviera acompañado por un babuino que tenía la tarea de repetir la palabra creadora distorsionándola.

El Mago puede representar a un acróbata que nunca logrará nada concreto. Su figura puede fluir en la superficialidad de promesas ilusorias que nunca harán realidad un proyecto porque aún no ha pasado nada, sólo es una creación inminente y puede pasar cualquier cosa.

Como en el cuento de Collodi, la materia del Mago ya está animada por el espíritu en el tronco de leña que dará vida a Pinocho antes de ser tallado, el poder transmutador ya está presente, pero el camino hacia la historia, a través de la cual descubriremos si llegará a ser niño, aún es largo.

¿Qué estoy empezando?
¿Qué potencial quiero expresar?
¿Qué fortalezas me quedan por aprovechar
para dar vida a mis proyectos?
¿A qué recursos me olvidé de recurrir para que
aquello que quiero se haga realidad?
¿Cómo puedo liberar totalmente mi energía creativa?
¿Cuáles son mis acciones no concluidas?

- *Yo soy el Mago, el artesano.*
- *En mi ser reside el* fiat, *el soplo del espíritu que da vida a la materia.*
- *¡¿Qué momento estás esperando para crear?! ¿No sabes que antes de que existiera el Universo, yo ya estaba allí?*
- *Mi esencia todopoderosa preside cualquiera de tus decisiones.*
- *Te espero en la encrucijada del camino que debes emprender, conformo la intuición de tu proyecto, aliento el inicio del amor que deseas experimentar.*
- *Conmigo podrás reformular cada pensamiento.*
- *Con la voluntad de tu palabra podrás pronunciar la ocurrencia de cada fórmula mágica.*
- *Todo es posible para ti.*
- *Pero ten cuidado, que las palabras sean claras y las sílabas adultas.*
- *Te engañaré si balbuceas como un niño, te llevaré a mi mundo de saltimbanquis, donde los juegos infantiles te atarán y sólo se desarrollarán en vitalidad vacía y fuegos artificiales inútiles.*

II

LA PAPISA O LA SUMA SACERDOTISA

Petre Pater Patrum Papisse Proditum Parto

(Pedro, Padre de los Padres, protege el fruto del nacimiento de la Suma Sacerdotisa)

Giovanni, aunque el nombre parecía de hombre, era sin embargo de sexo femenino, cuya audacia, que ya no se escuchaba, hizo que deviniera diáfana para el mundo entero y fuera conocida para la posteridad. Algunos dicen que Maguncia fue su tierra natal, pero apenas se sabe cuál fue su nombre, aunque hay quienes afirman que se llamó Giliberta. Se constata, según confirman algunos, que esta damisela, habiendo amado por destino a un joven erudito, y abandonando el respeto y el temor femeninos, huyó en secreto de la casa de su padre, y vestido de jovencito se cambió el nombre y siguió a aquel otro a estudiar a Inglaterra, donde todos la estimaban como clérigo. Profundizó en los estudios de Venus y de la literatura. Pero muerto el joven, sabiendo ella que tenía buen intelecto y gustándole mucho la dulzura de la ciencia, mantuvo la vestimenta de hombre, y ya no quiso acercarse más a otros como él, ni se dejó conocer como mujer, sino que continuó sus estudios y se aprovechó de las artes liberales y de las letras sagradas, que en aquel tiempo eran consideradas las más excelentes. Tras aprender maravillosamente la ciencia, y llegada ya a su madurez, se fue de Inglaterra a Roma, y allí, leyendo públicamente durante algunos años las tres ciencias, es decir, la gramática, la dialéctica y la retórica, tuvo muchos oyentes nobles. Así, además de los conocimientos que todos poseen, como un hombre lleno de singular honestidad, buenas costumbres y santidad, y por tanto conocido por muchos, al morir León Quinto Pontífice Máximo, fue elegida Papa por los Reverendísimos Cardenales, por voluntad común, y se le llamó Giovanni, a quien, si hubiera sido hombre, le habrían dado el nombre de Juan Octavo. Sin embargo, no se avergonzó de sentarse en la silla del pescador, negociar y manejar todos los misterios sagrados que la religión cristiana concede a cualquier mujer y durante algunos años nombró cardenales y, como mujer, administró el Vicariato de Cristo en la Tierra. Pero Dios, teniendo compasión de su pueblo, no podía tolerar que tan exaltado lugar fuera ocupado por una mujer, ni que el mundo fuera engañado por tal error, ni que ella lograra atreverse a querer tocar su cuerpo. Así, fue impulsada por el diablo, que la mantenía envuelta en tan perversa audacia, a trocar aquella honestidad principal, que antes había conservado en privado hasta ascender a tan alto pontificado, en insaciable deseo de saciar el ardor de la lujuria desenfrenada. Pero ella, que había sabido simular el sexo durante tanto tiempo, dejó de llevar a cabo su lascivia. Como había encontrado en secreto a alguien en quien podía confiar, hizo que él se uniera a ella, con el resultado de que quedó embarazada y dio a luz. ¡Oh indigna maldad, oh invencible paciencia de Dios! Al final, ella, que desde hacía tiempo sabía cegar los ojos de los hombres, careció de ingenio para ocultar el nacimiento incestuoso. Como estaba más cerca del final de lo que pensaba, mientras quería ir a celebrar los oficios divinos a la iglesia de San Giovanni Laterano en la vía pública, entre el Coliseo y el Palacio del Papa Clemente, sin llamar a otra madrina, dio nacimiento. Con este ardid había engañado durante mucho tiempo a todos los demás hombres, excepto a su amante, y por eso fue destituida del papado por los cardenales y excomulgada. Se fue infeliz y llorando. Para demostrar la inmundicia de que, para continuar la memoria del nombre, hasta el día de hoy, los Sumos Pontífices, al realizar las sagradas procesiones con el clero y el pueblo, evitan pasar por el lugar ubicado en medio de la calle donde ella dio a luz, dan la vuelta por otros barrios, por calles pequeñas y angostas, para evitar pasar por aquélla, y vuelven al recorrido por otra dirección, dejando aquel lugar atrás, continúan con sus oraciones y siguen su camino.[1]

EL ARQUETIPO: LO SAGRADO FEMENINO

El arcano del Mago, caótico y primordial, adquiere su posibilidad de expansión en la Suma Sacerdotisa.

Así como en el Uno encontramos el arquetipo del espíritu creativo, el Dos se abre a la perspectiva de la conciencia que surge de lo indistinto: en la materia informe del caos, los objetos, la realidad, las cosas toman su propia identidad, comienza la distinción.

En la psique indiferenciada se separa un principio femenino en oposición al masculino.

No en vano la Suma Sacerdotisa es una mujer, hierática y a la vez generativa, no sólo porque esconde y eleva espiritualmente el secreto de la fisicalidad materna, de la iniciación a la vida, sino también porque preside la conciencia en formación, la conciencia

---

1. Giovanni Boccaccio: *Delle donne Illustri,* traducido del latín a la vulgata por M. Giuseppe Betussi, Florencia, 1596.

del otro que es a la vez uno mismo, el desarrollo de una identidad cósmica y personal.

> Si los arcanos del Mago constelan el arquetipo de los Comienzos, los arcanos de la Suma Sacerdotisa dicen que el nacimiento de la conciencia y la formación de la individualidad comienzan a materializarse bajo la égida del principio femenino.[2]

La Suma Sacerdotisa es el eterno femenino que preside el nacimiento de la realidad. Incluso la leyenda medieval de Giovanna narrada por Boccaccio, que explica que ésta asciende al trono papal mediante un engaño, ofrece la imagen de un mundo espiritual impregnado de maternidad.

Lo femenino elemental guarda a salvo lo que de él surge, mantiene su contenido en un óvulo, en un útero, en un círculo mágico, ofreciéndole acogida y refugio.[3]

En sus representaciones estáticas, la Suma Sacerdotisa encarna el principio psíquico de conservación que cumple la función de protección materna pero que, al mismo tiempo, puede volverse

---

2. Widmann C.: ibíd., pág. 54.

3. Símbolos como éstos siempre están presentes en las representaciones de lo arcano.

asfixiante y portadora de inercia si la madre no acepta el crecimiento (y por tanto el cambio) de sus hijos.

En sus retratos lunares y esotéricos, la Suma Sacerdotisa encarna, sin embargo, el principio femenino transformador, que observamos en el desarrollo de las estaciones o en el milagro del parto, pero también en la inevitable impermanencia de la realidad con su descomposición en la muerte.

Presiona inexorablemente en la dirección del desarrollo, del crecimiento, de la propagación de la vida, posee «el carácter secreto de la creatividad, que da lugar a lo masculino en sí mismo».[4]

La Virgen pagana a menudo se sienta en un trono.

Su asiento es regio y casi siempre flanqueado por columnas que reiteran el concepto de la dualidad complementaria de principios opuestos (materia/espíritu, blanco/negro, vida/muerte), casi como para delimitar la puerta por la que se accede al misterio de la existencia, que para los hombres nunca podrá revelarse plenamente.

La Suma Sacerdotisa, de hecho, parece sugerirnos que hay verdades que sólo pueden conocerse por aproximación, que sólo pueden captarse con la intuición, nunca captadas por la razón consciente.

Más allá de estas columnas un velo cubre lo invisible o el espacio mismo se llena de flores y frutos, como si el arcano encarnase a

---

4. Newman F.: ibíd., pág. 47.

Maya,[5] la diosa hindú que cubre toda la creación y de esta manera la oculta.

Además, en muchas tradiciones espirituales hay dos principios en los que se basa el Universo: Yin/Yang, Shiva/Visnú, o Dios/Satanás para los maniqueos.

La Suma Sacerdotisa lleva a veces en sus manos los símbolos de acceso a estos misterios: las claves del conocimiento, un texto sapiencial, la letra *Beit*, la segunda de la Cábala que, en la tradición, adquirió el privilegio de encarnar la Sabiduría creadora del mundo.

En la iconografía tradicional, la Suma Sacerdotisa sostiene un libro en su regazo que nunca lee, ya que su mirada siempre va dirigida en otra dirección. El *liber mundi* parece contener una sabiduría que ella ya comprende, cuyo descubrimiento, como conocimiento del universo personal o transpersonal, está destinado sólo a los hombres.

Cuando es representada como Isis, hermana y esposa de Osiris, la Suma Sacerdotisa asume el papel de Gran Hechicera, Virgen Vestal de la naturaleza, gran iniciadora, custodia de lo eterno femenino.

Los símbolos lunares hacen aún más explícito el poder de su arquetipo: Isis, enloquecida por el dolor por el asesinato y

5. Maya se traduce literalmente como «ilusión», y es el principio que esconde el verdadero carácter de la realidad.

desmembramiento de su marido a manos de Seth, viaja de regreso a través de Egipto para recoger sus restos y, gracias a una fórmula mágica de veintinueve letras, recompone el cuerpo: al recostarse sobre él, lo devuelve a la vida, y queda así embarazada de Horus.

Cuando la iconografía de la Suma Sacerdotisa se inspira en el mundo clásico de las cartas, ella se convierte en Juno, esposa y hermana de Zeus, y simboliza que sólo a través de la vida afectiva y del campo de las relaciones puede desarrollarse felizmente toda verdadera identidad humana.

Mujer, Hechicera, Sacerdotisa, encarnación de los principios femeninos, la Suma Sacerdotisa no es, sin embargo, un arquetipo alejado de la alternancia de la vida.

Exuda el encanto de quien tiene conocimiento del mundo interior. Su feminidad se sitúa en un límite, casi como si «gobernara nuestra capacidad de pasar de la esfera de lo consciente a la del inconsciente y viceversa»,[6] como si presidiera nuestros impulsos emocionales más íntimos sin los cuales todo lo creado en nuestra vida careciera de alma. Soy la madre generadora y al mismo tiempo la sacerdotisa que preside el misterio del parto.

Tengo poder de transformación y resurrección.

---

6. Widmann C.: ibíd., pág. 57.

¿Qué estoy conservando?

¿Qué quiero proteger?

¿Qué quiero transformar o generar?

¿Cuáles son las creencias que impiden o estimulan mi evolución, el cambio que deseo?

¿Cuáles son los sentimientos que todavía me escondo a mí mismo?

- *Soy la madre generadora y a la vez la sacerdotisa que preside el misterio del parto.*
- *Tengo el poder de la transformación y la resurrección.*
- *Tengo el poder de la conservación y de la curación.*
- *Más allá de mí está el misterio que buscan los hombres, y en mí está la sabiduría más natural.*
- *Pero tú eliges.*
- *Mira con atención más allá de las apariencias y decide quién quieres que sea: vientre protector o inercia asfixiante.*
- *Llanto alegre de la madre al dar a luz o agua pudriéndose en el estanque.*

III

LA EMPERATRIZ

Su verdadero nombre era Sofía Federica Augusta de Anhalt-Zerbst, esposa, de 16 años, del gran duque Pedro Fëdorovič, futuro Pedro III de Rusia, pero la historia la recuerda con el nombre de Catalina, que adoptó cuando, con gran decepción de su padre, renunció a la fe luterana para abrazar el rito ortodoxo.

Inteligente, culta y sensible, era inevitable que se produjera una ruptura con su marido inculto, borracho y violento, y cuando Pedro III se enajenó con la Guardia y los círculos de la corte debido a sus propias preferencias prusianas, Catalina conspiró para arrestarlo y obligarlo a abdicar.

Ocho días después de su rendición, Pedro III moriría en Ropsha, estrangulado, quizá, por el hermano menor de uno de los numerosos amantes de la zarina.

Catalina fue coronada en la catedral de la Asunción de Moscú el 22 de septiembre de 1762.

Su coronación marcará simbólicamente la creación de una de las joyas más importantes del tesoro imperial de los Romanov: la corona imperial de Rusia. Dos esferas de oro y plata que representan el Imperio romano de Oriente y Occidente, divididas por una guirnalda foliada y festones, serán colocadas por primera vez sobre la cabeza de una emperatriz, la de todas las Rusias.

Catalina revelará inmediatamente su educación ilustrada en un despotismo lleno de iniciativas de reorganización en todos los campos.

En política interna tomará el control del sistema judicial, abordará los problemas de la educación con una transformación del sistema escolar, restaurará las finanzas del Imperio y reformará el gobierno local, rediseñando la administración del Estado con la institución de gobernadores, pero en el centro siempre implementará el principio de unidad del poder ministerial, aferrándose firmemente a la corona que fue colocada sobre su cabeza.

Gestionará las relaciones con las religiones según razones de Estado, abrazará la fe ortodoxa pero no dudará ni un momento en vaciarla de poder, requisando los bienes de la Iglesia para pagar las deudas de la guerra.

A pesar de los conceptos innovadores, se asegurará de que los problemas de los siervos no lleguen a la sede central, sino que sigan siendo manejados localmente, instituyendo restricciones al poder de los gobernadores y manteniendo una gobernanza sólida.

En política exterior, Catalina perseguirá las intenciones de Pedro el Grande, encaminadas a resolver los problemas turcos y polacos de forma duradera. De Turquía, tras la guerra de 1768-1774, obtuvo la paz de Küciük-Qainarge (1774), estableciendo el derecho a la protección de los cristianos ortodoxos de los Balcanes y la independencia de Crimea. En cuanto al problema polaco, gracias a las intervenciones en los asuntos internos de ese país y a las relaciones con Prusia y Austria, logró anexarse todas las regiones orientales de Polonia.

Inteligentes y cultas obras dramáticas, artículos, bocetos satíricos, investigaciones históricas, tratados y memorias cruzan su historia como intelectual, así como la de las guerras y la diplomacia y la de una soberana ilustrada.

En su vida privada, la presencia de numerosos amantes será una constante, hasta el punto de que su libertinaje será tema de habladuría en todas las cortes europeas, pero a Catalina eso nunca le importará, es más, no ocultará ni sus relaciones o sus hijos ilegítimos, de modo que surgirán leyendas lascivas en torno a su libertad sexual como la costumbre de llamar a sirvientes para que le acariciaran el cuerpo con plumas antes de dormir o la construcción de una silla especial para las relaciones sexuales.

Catalina morirá repentinamente en 1796, probablemente de un derrame cerebral, tras una vida de éxitos personales, dejando un legado cultural que la hará entrar en la historia de la literatura, el cine y el imaginario colectivo: Catalina II la Grande es recordada como la zarina más poderosa de la historia, la primera emperatriz rusa que tuvo un papel preponderante en el escenario europeo.

EL ARQUETIPO: LA GRAN MADRE

Si la Suma Sacerdotisa tiene el rostro de la generadora tanto en el sentido físico como espiritual, la Emperatriz resalta el rostro poderoso, sensual, decidido, a veces despiadado y astuto pero sin embargo concreto del principio femenino.

La inteligencia de la Suma Sacerdotisa se refugia en mundos interiores, procede a través de iluminaciones e intuiciones, la de la Emperatriz, en cambio, está profundamente arraigada en la materia: ella es Deméter la generosa, que preside la fecundidad de las cosechas,[1] y da alimento a los hombres, pero cuya desgarradora ira por la pérdida de su hija Kore seca la tierra y provoca la más desastrosa hambruna. Ella es Afrodita con una fuerte inclinación sensual que hace de su belleza un instrumento de placer y para el placer.

La Emperatriz representa la fuerza motivadora que caracteriza el impulso de la evolución y al mismo tiempo la intransigencia e inflexibilidad de la realeza decidida y despiadada.

Ama a quienes saben convertir ideas en proyectos, a quienes saben tomar cartas en el asunto. En su espacio no hay indecisión, ella es una fuerza intrínseca a la vida, es una Gran Madre poderosa, espléndida, generosa y a la vez terrible.

Jung toma prestado el concepto de Gran Madre de la antropología para representar el inconsciente del comienzo, un arquetipo generativo de conciencia que se satisface con sus pechos, sin los cuales cualquier requisito previo de progresión es imposible, y que es esencial, pero también capaz de generar hambruna.

---

1. Deméter es la deidad griega que preside las cosechas. Su nombre también puede traducirse como *Madre Tierra.* Cuando Hades secuestró a su hija para llevarla al inframundo, cuenta la leyenda que la vida en la Tierra se detuvo. De hecho, la diosa desesperada busca a su amada hija. Zeus obligará a Hades a traer a Kore de regreso a la Tierra. Sin embargo, como ésta había probado la comida del inframundo, sólo se le permitía permanecer con su madre seis meses al año, y el resto lo tendría que pasar en las profundidades del inframundo con su marido.

Así, lo femenino de la Emperatriz está revestido de realeza, pero en un instante puede degradarse a la sombra de la puntillosidad, el prejuicio, la presunción, de hacer pasar ideas subjetivas, fruto del propio capricho, como objetivas.

Su mano puede aferrarse a la materia para gestionarla con el sentido común del ama de llaves o manipularla con el oportunismo del escalador social.

Al gobernar lo existente suele llevar, en las iconografías más clásicas, los signos de su dominio claramente visibles: el escudo y el cetro de mando. Este último está a veces coronado por un globo, imagen simbólica del mundo físico.

Su iconografía incluye a menudo elementos naturales como flores y frutos entrelazados en la coronilla, así como los atributos sexuales de la feminidad: el vientre hinchado, el signo de lo femenino entre las ropas, y se la ve cómodamente sentada con las piernas abiertas veladas por el manto, porque la Emperatriz no desdeña pasar por los canales del encanto y la seducción.

El número tres del tarot convierte a la Emperatriz en un principio ejecutor ya que «ella se presenta de inmediato como un símbolo de manifestación: el mundo de lo concreto es un espacio tridimensional».[2]

---

2. Widmann C.: ibíd., pág. 79.

La energía de la Emperatriz concreta la materia y la gobierna con un vigor complementario al de la Suma Sacerdotisa.

Ningún número es tan intuitivamente simbólico como el tres: el tiempo se separa en presente, pasado y futuro, en el cristianismo Dios es uno y trino (Padre, Hijo y Espíritu Santo), en el análisis freudiano los primeros tres años de la vida son aquellos en los que las estructuras de la psique están delineadas.

En la Cábala el tercer arcano del tarot se asocia a la emanación de Binà, el alma intelectual, capaz de dominar las artes más nobles con celo y determinación, capaz de captar conexiones profundas con el ingenio, de apasionarse por la cultura y la belleza para descubrir principios.

Así, el poder de la Gran Madre domina el mundo junto con el conocimiento contenido en él.

Es Señora del mundo vegetal y Señora del mundo animal, es la generadora biológica y psicológica del individuo.

La Emperatriz es majestuosa en su visión de la naturaleza, su hegemonía y su fuerza son capaces de una síntesis que de otro modo sería imposible.

No dispersa su sabiduría en caminos analíticos, sino que reúne imágenes e impresiones, encarnando la intuición femenina. Utiliza el sentimiento como instrumento de conocimiento para que su mirada pueda decidir en un instante si un ambiente es favorable u hostil, la empatía inmediata por el amigo es igual a la prontitud en reconocer al enemigo.

La inteligencia emocional[3] está a su servicio sea cual sea el fin que persiga, tanto el favor de una profunda amistad como el engaño de la más refinada astucia.

---

3. La inteligencia emocional se refiere al aspecto de la inteligencia humana que supervisa la capacidad de captar las emociones y los sentimientos propios y de los demás, así como la capacidad de utilizar esta información para guiar pensamientos y acciones. Los estudios sobre estas habilidades se han multiplicado desde los años noventa, siendo famoso el ensayo de Daniel Goleman: *Inteligencia emocional,* Kairós, 1996.

¿Qué proyectos es hora de empezar o de terminar?
¿Qué objetivos es hora de retomar o de completar?
¿Qué sensualidad tengo por descubrir o por recuperar en la realidad, en la vida que estoy viviendo?
¿Qué característica mía me gustaría que los demás reconocieran más claramente o me gustaría expresar más explícitamente?

- *No desperdicies tu inteligencia en corrientes inútiles, en aclaraciones molestas, en puntillismos infantiles.*
- *Aprovéchalo todo o me volveré prolija y pomposa, te aburriré con vacía ostentación.*
- *Presido el Imperio Natural, así que no me tientes con fijaciones pedantes.*
- *Puedo gobernarte con el sentido común del soberano ilustrado o con los engaños de la concubina, pero, en cualquier caso, me da igual quien no materialice ideas. Para perderte en tus miedos tienes que acudir a otra parte, no hay espacio en mi reino.*

IV

EL EMPERADOR

Crónica de Moissac[1]

Año 800. Estando el rey Carlos cerca de Roma, le llegó la noticia de que el título de emperador se había extinguido entre los griegos y tenían como emperadora a una mujer.[2]

Entonces le pareció oportuno al papa León, a todos los santos padres que participaron en la reunión, y a todo el resto del pueblo cristiano, nombrar al propio Rey Carlos, rey de los francos, emperador romano, ya que ostentaba Roma, metrópoli del Imperio, en

1. En MGH, *Scriptores I,* págs. 305-306.

2. Irene había destronado y cegado a su hijo Constantino VI para ascender al trono del Imperio romano de Oriente.

la que siempre habían tenido su sede los césares y emperadores, y todas las demás ciudades de la Galia y de Germania.

Puesto que Dios todopoderoso había puesto todas estas ciudades en su poder, parecía justo que Carlos, con la ayuda de Dios y a petición de todo el pueblo cristiano, asumiera el título imperial. Carlos no pudo decir que no a esta petición; pero, sometiéndose con toda humildad a Dios y a la petición de los sacerdotes y de todo el pueblo cristiano, el día del nacimiento de nuestro Señor Jesucristo asumió el título de Emperador, con la consagración llevada a cabo por el papa León.

Y luego lo llamaron Emperador y Augusto.

En el Día Santísimo del Nacimiento del Señor, mientras el rey, después de haber orado antes de la confesión del bienaventurado apóstol Pedro, se levantaba para asistir a la misa, el papa León, de acuerdo con todos los obispos, sacerdotes y con los francos y romanos notables, colocó una corona de oro sobre su cabeza, mientras al mismo tiempo el pueblo de Roma aplaudía: «¡A Carlos Augusto, coronado por Dios, grande y pacífico emperador de los romanos, vida y victoria!». Y cuando el pueblo hubo terminado sus aclamaciones, Carlos fue adorado por el pontífice a la manera de los antiguos príncipes.[3]

---

3. Con el papa arrodillado según el ritual bizantino.

EL ARQUETIPO: EL ORDENADOR MASCULINO

Regio, de mediana edad, con una barba suelta y una corona en la cabeza, el Emperador está sentado inmóvil con las piernas cruzadas sobre un trono de granito, símbolo de su perenne estabilidad.

A menudo porta los signos de su poder: el cetro junto con un globo o una regla[4] o una escuadra que, no casualmente, en latín se llama *norma*. En ocasiones, en la carta están presentes animales simbólicos como el águila, ave solar por excelencia y por tanto ligada a la soberanía,[5] o el carnero, manantial del zodíaco y sagrado para Marte, dios de la guerra.

> En el plano iconográfico, el Emperador es la contraparte de la Emperatriz y representa simbólicamente el principio masculino predominante en la psique colectiva.[6]

---

4. Para la cultura masónica, la regla es un instrumento de medida simbólico ya que con ella se pueden crear las proporciones correctas y precisas.
5. El águila era el animal sagrado de Zeus, pero también un símbolo asociado a César y elegido por Napoleón. Es el monte de Visnú y considerado por muchas culturas como el rey de las aves. En la Edad Media se creía que era el único animal capaz de sostener una visión directa de la luz del Sol.
6. Widmann C.: ibíd., pág. 90.

Si en Jung la parte del preconsciente primordial que genera la conciencia se identifica con el principio femenino, la que genera el inconsciente se asimila al principio masculino.

En pasos progresivos, el arquetipo masculino se transforma: de hijo de la Gran Madre a un adolescente efebo de delicada belleza y carácter incierto, a un hombre que sabe actuar con determinación, a un Héroe que erotiza el desafío realizando gestos extraordinarios con vigilancia, capacidad de perseverancia, resistencia, independencia, autodeterminación y seguridad.

En el tarot, la figura del Emperador es granítica, fuerte, poderosa, características todas ellas del modelo masculino, que es a la vez guerrero y conquistador, autoritario y activo, pero también regulador, legislador y portador de justicia.

Su cetro es un icono simbólico eterno: el bastón del sabio, la maza de Heracles, el báculo del obispo, la varita del mago, la energía del falo.

Si la Emperatriz es una figura generativa en el sentido femenino, el Emperador es una figura fecundante: penetra la Tierra para impregnarla mediante el principio de la inteligencia que ordena las leyes, sin las cuales toda civilización degeneraría en la anarquía.

A menudo, el trono en el que se sienta se representa como una piedra cúbica para indicar que, sin la intervención del principio masculino, ninguna capacidad reguladora supervisaría la psique y no sería posible ninguna estabilidad.

La palabra del Emperador domina, subyuga, manda y al mismo tiempo disciplina, ordena y legisla.

No en vano el Emperador preside el número cuatro que, según Jung, es el número arquetípico que introduce orden en la realidad desordenada: hay cuatro puntos cardinales con los que la geografía regula el espacio (norte, sur, este, oeste), cuatro estaciones que dividen la época del año, cuatro evangelistas de la religión cristiana cuyas iniciales forman el nombre sagrado de DIOS (YHWH),[7] en el jardín del Edén corre un río dividido en cuatro brazos que riega el Paraíso, y también son cuatro los elementos químicos que en los primeros tiempos componían la Tierra (hidrógeno, oxígeno, nitrógeno, carbono).

Así, «en el relato psíquico, el Cuatro es un arquetipo ordenador que organiza lo indiferenciado. Atribuido a los arcanos del Emperador, este número especifica que el arquetipo masculino contribuye con sus características a transformar conjuntos caóticos en totalidades ordenadas».[8]

---

7. El tetragrámaton bíblico es la secuencia de las cuatro letras *yod, he, waw, he* (leídas de derecha a izquierda) que forman el nombre de Dios: YHWH.

8. Widmann C.: ibíd., pág. 99.

La capacidad de darse reglas, de establecer principios existenciales, de ser coherente con las propias elecciones, de recurrir a la fuerza de voluntad, forma parte de las características del principio masculino, cuya inteligencia concibe la normalidad no como una sensación de aburrida banalización de la vida, sino como la capacidad de tener gobierno sobre uno mismo, de gestionar las funciones del universo íntimo personal, de no dejarse arrastrar por el caos del inconsciente sino de presidirlo a través de la conciencia.

Además, ningún hombre o mujer nos parece más autoritario que aquel que posee una capacidad manifiesta de autogobierno. Las palabras de estas personas parecen magnéticas, casi mágicas, no necesitan estar cargadas de significado emocional para ser escuchadas.

Pero si el Emperador es un principio ordenador, una síntesis de fuerza, acción, palabra y pensamiento que penetra la existencia, siempre corre el riesgo de caer en su propio lado oscuro.

Mientras gobierna el mundo su fuerza puede convertirse en violencia, su firmeza en intransigencia, su conciencia en narcisismo, su autoridad en autoritarismo, su poder en dictadura.

Con demasiada frecuencia la historia humana nos ha mostrado evidentes desviaciones similares, el principio masculino puede transformarse en despotismo personal, social, político y psicológico.

Por tanto, dominar la materia no puede ser suficiente para que alcance la autoridad que anhela. Necesita otras fuerzas.

La corona es un símbolo iconográfico distintivo de lo arcano y es un signo que alude al cielo.

La coronación de Carlomagno que situamos al inicio de la exposición es un testimonio emblemático de ello.

Es la corona la que da al Emperador el poder de mando, pero también le recuerda que es sujeto de fuerzas, de principios superiores a él, principios de los que debe rendir cuentas si no quiere caer en las más bajas degeneraciones de su dominio o de su ego.

La corona resalta que la inteligencia de los arcanos tiene la facultad de la elevación, que la conciencia tiene la posibilidad de alcanzar altas cimas del conocimiento humano y espiritual y que sólo así se puede lograr ordenar la justicia; recuerda a la carta que toda persona coronada adquiere no sólo el poder de mandar sino también el poder de obedecer.

Sin esta conciencia, la tiranía acecha.

¿Qué me falta aún por poner en orden fuera o dentro de mí?
¿Cómo va mi vida material?
¿Qué relación tengo con la idea de poder, tanto desde el punto de vista del poder de los demás como del que ejerzo o deseo ejercer en mi vida?
¿A qué principio interior o fuerza de voluntad puedo recurrir todavía?

- *Conoce lo que debes ordenar dentro de ti y lo que está afuera también será puesto en orden.*
- *No subestimes tu fuerza de voluntad.*
- *Soy acción, palabra y pensamiento juntos, fertilizo la realidad con la falacia de mis leyes.*
- *Si tienes una guerra en la que luchar, lucha; si tienes una regla que redactar, redáctala; si tienes un edicto que promulgar, promúlgalo, pero debes saber que puedes pelear como un templario o un bárbaro, legislar como un hombre sabio o un dictador, promulgar como un rey o un tirano.*
- *Inspírate más allá de ti mismo para elegir, porque éste es el único misterio del mando: levantarte o caer. Si prefieres esto último, habrá violencia y dolor y la corona se te escapará de la cabeza.*

V

EL PAPA

Gregorio nació en Roma alrededor del año 540 d. C. en una familia patricia, los Anici.

La familia era profundamente devota, hasta el punto de que su madre Silvia fue canonizada y nunca dejó de transmitir una fe muy fuerte a su hijo.

Después de estudiar derecho, Gregorio emprendió una carrera institucional y ocupó el distinguido cargo de prefecto de Roma. Esta experiencia maduró en el joven patricio una perspectiva política consciente y un profundo sentido de la disciplina. Unos años más tarde, atraído por la vida monástica, Gregorio decidió retirarse. Donó sus bienes a los pobres y convirtió la casa de su padre en Celio en un monasterio al que bautizó con el nombre de Sant'Andrea. Allí se dedicó a la oración, la meditación y el estudio de la Sagrada Escritura y de los padres de la Iglesia.

Pero en aquellos tiempos difíciles, la cultura y la inteligencia no podían permanecer encerradas en una dimensión enclaustrada; la Iglesia lo necesitaba y el papa Pelagio II lo nombro diácono y lo envió a Constantinopla como su nuncio apostólico.

En la capital de Oriente, Gregorio desempeñó con gran perspicacia sus funciones diplomáticas durante seis años, manteniendo la nostalgia por el estudio y la meditación espiritual que le proporcionaba la vida monástica.

Llamado de regreso a Roma, volvió de inmediato a Celio pero, cuando el papa Pelagio II murió en el 590 d. C., fue elegido su sucesor.

Gregorio se resistía verse obligado a aceptar el papado, pero una vez ascendido al trono afrontó su época con increíble determinación.

El momento histórico era difícil: los lombardos azotaban Italia, las fuertes lluvias e inundaciones provocaban hambrunas y la peste no parecía dejar de cobrarse víctimas.

Nada más asumir el cargo, Gregorio exhortó a los fieles al arrepentimiento y a la oración, organizando una solemne procesión penitencial durante tres días. Se dice que al cruzar el puente que conecta la zona del Vaticano con el centro de la ciudad,

Gregorio y la multitud tuvieron una visión del arcángel Miguel en la Mole Adriana anunciando al Santo Padre el fin de la epidemia. A partir de ese momento el mausoleo tomará el nombre de Castel Sant'Angelo.

En la silla de Pedro, Gregorio reorganizó la administración papal y se ocupó de la curia romana. Les quitó poder a laicos y eclesiásticos y decidió confiar muchas tareas a los monjes benedictinos. Al mismo tiempo, reformó las actividades en las distintas sedes episcopales, estableció que los bienes de la Iglesia se utilizaran para su propia subsistencia y para su obra evangelizadora en el mundo, y trabajó para que las riquezas se gestionasen con rectitud y justicia.

Gregorio utilizó sus propios bienes y legados para ayudar a los fieles: compró y distribuyó cereales, ayudó a los necesitados, apoyó a los sacerdotes, monjes y frailes de clausura en dificultades, pagó los rescates de los prisioneros, trabajó para lograr armisticios y treguas. Fue responsable de las medidas políticas para salvaguardar Roma, ya olvidada por los emperadores orientales, y de las negociaciones con los lombardos para garantizar la paz en el centro de Italia.

Gregorio se preocupó también por la conversión de los paganos, inició misiones de evangelización entre los visigodos en España, los francos y los sajones. Envió al prior del convento de Sant'Andrea a Celio y a cuarenta monjes a Gran Bretaña.

Teológicamente reformó la misa y la simplificó, promovió el canto litúrgico que de él tomó el nombre de canto gregoriano.

Su producción literaria fue vivaz, su correspondencia incluye más de 800 cartas, diversas homilías y tratados. Es célebre su *Moralia in Iob* («Comentario moral al libro de Job»), donde afirmó que el ideal moral consiste en la integración armoniosa entre palabra y acción, pensamiento y compromiso, oración y dedicación a los propios deberes. En cuanto a la regla pastoral, sin embargo, esbozó la figura del obispo ideal, insistió en el deber del pastor de reconocer cada día su propia miseria, y reservó el último capítulo de la obra al tema de la humildad.

Para demostrar que la santidad es siempre posible, Gregorio escribió los *Diálogos*, un texto hagiográfico en el que narra los ejemplos dejados por hombres y mujeres, canonizados y no, y que acompañó de reflexiones teológicas.

Se puede decir que Gregorio fue el primer papa que utilizó el poder temporal de la Iglesia sin olvidar, sin embargo, el aspecto espiritual de su tarea.

La historia le dará el título de *Magnus*, pero en las cartas oficiales siempre se definirá como *«Servus servorum Dei»* («Siervo de los siervos de Dios»), nombre que los pontífices aún conservan hoy. Murió el 12 de marzo del año 604 d. C. y fue enterrado en la Basílica de San Pedro.

Gregorio I el Grande, proclamado santo y doctor de la Iglesia, se celebra el 3 de septiembre en el rito católico y el 12 de marzo en el ortodoxo.

EL ARQUETIPO: EL GRAN PADRE

Lawrence Kohlberg,[1] psicólogo y filósofo estadounidense que dedicó la mayor parte de su obra a este tema, separa el desarrollo moral progresivo del individuo en tres fases sucesivas y gradualmente inclusivas:

- La primera fase se llama preconvencional y no implica ninguna internalización de las normas en la conciencia. Los niños inicialmente obedecen porque se les ordena hacerlo, basan su desarrollo inicial en la combinación castigo-recompensa. El respeto moral y social de las normas está determinado desde fuera, por los dictados impuestos por la educación.

---

1. Lawrence Kohlberg (1927-1987) es un psicólogo conocido por sus estudios sobre la psicología del desarrollo moral.

- La segunda fase es la convencional con internalización intermedia. La combinación recompensa-castigo está más firmemente anclada en la personalidad y sigue una idea de justicia retributiva: el bien es recompensado, el mal es castigado. Sin embargo, ya no son los preceptos impartidos por las autoridades familiares los que determinan el comportamiento sino la comprensión del orden social con sus valores de lealtad y amistad.
- Sin embargo, adaptarse a los dictados externos no significa compartirlos habiéndolos interiorizado plenamente, ni ser capaz de formular hipótesis morales que puedan contrastar los dictados sociales. Es el siguiente nivel, el nivel posconvencional y de total internalización, que hace que la persona sea capaz de formular creencias personales, de desarrollar su propia conciencia moral y, por tanto, de tomar decisiones conscientes.

El arquetipo de Paterno participa decisivamente en la formación de esta conciencia. En una palabra, si la Madre es naturaleza, la figura del Padre es cultura.

El Padre es la autoridad arquetípica por excelencia, custodio de leyes y normas, figura protectora y educativa que nos introduce en el «estar en el mundo», transmite los bienes más elevados de la civilización y es maestro que enseña.

Para Freud, el superyó se forma por proyección de la ley del Padre, y Newman sostiene que el Padre es quien transmite los valores y contenidos del mundo colectivo al ego del individuo.

El misterio del Papa encarna este principio.

Es *Magister* por excelencia, en el sentido de que sus enseñanzas son magisterio, dogma, preceptos vinculantes con los que se aprende el camino correcto.

El libro que a menudo tiene entre sus manos no es un simple texto, sino que contiene una verdad moral.

El Papa es obedecido, no sólo en el sentido más común del término sino precisamente en el sentido etimológico de *ob-audire*, escuchar, señal de que sus seguidores (la iconografía más clásica representa a dos clérigos a sus pies) captan el mensaje interior que él imparte, deben ser capaces de tener oídos y disposición para comprender la verdad de la doctrina que se convertirá en conciencia personal, que dará forma a la voz de su conciencia moral y espiritual.

De este modo el Papa no es sólo el Padre que preside el mundo moral sino también la imagen del instinto religioso, entendiendo este término en el sentido más amplio: el impulso de unir los opuestos (vida/muerte - finito/infinito - contingente/trascendente - Cielo/Tierra, etc.).

El instinto religioso va más allá del concepto de fe, es una cualidad constitutiva de la psique humana y de los principios que la forman, especialmente cuando se refiere a la categoría de la búsqueda de sentido. Un instinto de razón, de inteligencia[2] que ciertamente ha formado religiones en la historia de la civilización, pero que, sin embargo, es constitutivamente independiente de ellas.

La figura del Papa está salpicada de signos de contacto directo con esta trascendencia: la mitra, el báculo, las manos representadas a menudo en el acto de bendecir.

En su representación más esotérica se convierte en el Hierofante, que literalmente significa «el que muestra lo sagrado». En la Grecia clásica, el Hierofante era el Sumo Sacerdote responsable de revelar los símbolos del culto durante los misterios de Eleusis.[3]

Su autoridad no es física y secular como la del Emperador sino moral y espiritual y, como tal, quizá incluso más fuerte, porque su poder reside en la autoridad de su doctrina.

Su inteligencia es racional y espiritual al mismo tiempo.

A través de su propio principio psíquico, desde su trono de intelecto, el masculino paterno investiga la realidad, sabe ponderar una idea antes de realizarla, sabe calcular las consecuencias de las

---

2. Latinismo que significa «capacidad del hombre para comprender, concebir, razonar».

3. Ritos religiosos secretos que se celebraban cada año en el santuario de Deméter en la ciudad de Eleusis.

acciones, sabe relacionar lo particular con los principios universales y, al hacerlo, por eso tiende hacia lo absoluto: el Papa escapa al empirismo, conecta lo que sabe para ofrecer nuevos horizontes y amplias soluciones.

> El arcano del Papa representa los aspectos del principio masculino que administra los asuntos espirituales. No es sólo una figura que promulga normas y defiende ortodoxias, también recibe la sabiduría de los poderes arcanos, escucha la voz de los dioses, es intermediario entre el Cielo y la Tierra y transmite la voluntad superior a las dimensiones inferiores.[4]

Es decir, el Pontífice crea un puente entre mundos, pero requiere una conciencia elevada para no caer en el lado oscuro de la religiosidad o en el arquetipo negativo de la paternidad.

Nos referimos aquí a la sombra que se encarna en la realidad del fanatismo, en el desvío del radicalismo fideísta, así como en la imagen del Padre amo, que deja de ser defensor de los peligros y maestro de vida para volverse represivo, dominante, un principio castrador de la personalidad.

---

4. Widmann C.: ibíd., pág. 114.

El número cinco presidido por el arcano nos habla de una identidad humana adulta que se identifica como central en el universo: hay cinco sentidos que permiten al hombre conocer la realidad que lo rodea. Leonardo inscribe al hombre cósmico en un pentáculo cuyos vértices son las cinco extremidades del cuerpo más la cabeza, la suma teosófica de los primeros diez números (1 + 2 + 3 + 4 + 5 + 6 + 7 + 8 + 9 + 10) es 55 (5 + 5 es 10) y, si la plenitud de lo divino está asociada al diez, su reducción a la dimensión humana está asociada al cinco.

El simbolismo de los cinco se refiere al proceso de realización individual.

La historia de la psicología nos describe ampliamente lo que puede suceder si el principio paterno representado por el arcano se manifiesta en su lado oscuro, si el Buen Padre que garantiza una posición social y proporciona seguridad se convierte, en cambio, en un Padre Terrible que, como Urano[5], devora a sus hijos imponiéndose como un tirano.

---

5. Deidad primordial que, según se profetizó, sería derrocada por uno de sus hijos. Por esta razón, Urano se comió a los hijos nacidos de su esposa Gea. Esta última, sin embargo, convenció a los titanes para que se rebelaran y provocó que lo castraran.

Jung habla del complejo paterno para designar una relación particular con el padre de excepcional intensidad emocional. Ante una relación que se está convirtiendo en su sombra, la personalidad del hijo parece optar instintivamente por dos opciones: adherirse acríticamente a los códigos y sumergirse en una confianza total, como Isaac, dispuesto a ser sacrificado sin protestas,[6] o sentir opresión e impotencia y configurarse como un espíritu en constante rebelión contra toda figura cargada de valores paternos.

Sólo la recuperación individual de las heridas, la autoconciencia y la elaboración de los plasmas profundos representados por el arquetipo negativo pueden romper esos modelos.

Sólo el advenimiento de un Papa con una conciencia elevada, con la conciencia de ser puente entre el Cielo y la Tierra, puede indicar esa luz capaz de disolver las sombras, sólo la recuperación del *magister* que indica el camino puede marcar un camino de redención.

---

6. El episodio de Isaac está narrado en Génesis 22, 1-18. Dios, para probar la fe de Abraham, le ordena sacrificar a su hijo Isaac. Abraham va al monte Moriah sin dudarlo, pero, cuando está a punto de hacer el sacrificio, un ángel del Señor desciende para detenerlo y le muestra un carnero para sacrificar como reemplazo.

¿Qué me dice la tradición de la ley?
¿Cuáles son mis principios obligatorios?
¿Cuál es el ideal que persigo?
¿Qué transmito a quienes me rodean?
¿Qué valores comunico a los demás?

- *Yo soy el Padre, el magister, a través de mí habéis formado vuestras creencias, los principios morales obligatorios de vuestra vida, habéis conocido el bien y el mal, por eso os doy gracias y os bendigo.*
- *Mi protección sobre vosotros será eterna.*
- *Por eso no olvidéis lo que sabéis, ha llegado el momento de recordar, de recuperar todo lo numinoso descubierto en mi sagrada palabra.*
- *Soy el puente entre vosotros y el camino correcto, soy el camino seguro ya indicado.*
- *Si olvidas de dónde viene nuestra sabiduría, encontrarás la rebelión de tu corazón, la ira eterna que nunca amaina, o la nada, la incapacidad de pronunciar una sola voz que sea reconocida como una palabra de rectitud.*

VI

LOS AMANTES

Como palomas llamadas por el deseo
con las alas abiertas y quietas en el dulce nido
vienen por el aire, llevadas por la voluntad;

Tales salieron de las filas donde está Dido,
viniendo a nosotros a través del aire maligno,
tan fuerte fue el grito afectuoso.

«Oh, animal clemente y benigno
que visitando surca el aire perdido
por nosotros que teñimos de sangre el mundo,

si el rey del universo fuera amigo,
le rogaríamos por tu paz,
entonces ten piedad de nuestro mal perverso.

Lo que te gusta oír y hablar,
nosotros te lo oiremos y te hablaremos,
mientras el viento calla.

La tierra donde nací se encuentra
a la orilla del mar donde el Po desciende
para tener paz con sus seguidores.

El amor, que rápidamente se aprehende en el corazón tierno
arrebató a la bella persona que a mí me fue arrebatada;
y el modo todavía me ofende.

El amor, que no perdona a nadie amado por amar,
se complació tanto en mí que,
como ves, todavía no me ha abandonado.

El amor nos llevó a una muerte.
Caina espera a quien nos extinguió de por vida».
Estas palabras de ellos nos alejan.

Cuando oí aquella alma ofendida,
bajé el rostro, y lo mantuve bajo
hasta que el poeta me dijo: «¿Qué piensas?».

Cuando respondí, comencé: «¡Dios mío,
cuántos pensamientos dulces, cuánto deseo
los llevó al paso doloroso!».

Luego me volví hacia ellos y hablé,
y comencé: «Francesca, las lágrimas
de tus mártires me hacen sentir triste y piadoso.

Pero dime: en el tiempo de los dulces suspiros,
¿a qué y cómo concediste el amor
que conoces los deseos dudosos?».

Y ella a mí: «No hay mayor dolor
que recordar los tiempos felices
ni la miseria; y eso es lo que su médico sabe.

Pero si tienes tanto cariño para conocer
la primera raíz de nuestro amor,
hablaré como quien llora y dice.

Un día leíamos con placer
acerca de cómo el amor se apoderó de Lancelot;
estábamos solos y sin ninguna sospecha.

Por varias veces esa lectura empujó
nuestros ojos, y descoloró nuestro rostro;
pero sólo un punto fue lo que nos ganó.

Cuando leímos la risa ansiada
de ser besado por tal amante,
ese que nunca se separará de mí,

su boca me besó toda temblando.
Galeotto fue el libro y quien lo escribió:
Ese día no leímos más».

Mientras un espíritu decía esto,
el otro lloraba; y de compasión
me desmayé como si muriese.

Y caí como un cuerpo muerto cae.[1]

1. Dante Alighieri, *La Divina Comedia, Infierno, Canto V,* vv. 82-142. Paolo y Francesca son los protagonistas del Canto V del Infierno de Dante; llevados entre los lujuriosos del Segundo Círculo. Francesca era hija de Guido el Viejo de Polenta, señor de Rávena, y después de 1275 se casó con Gianciotto Malatesta, el hijo deforme del señor de Rímini. Paolo era hermano de Gianciotto y fue capitán del pueblo en Florencia en 1282-1283. Según el relato de Dante, Francesca tuvo una relación adúltera con su cuñado Paolo y los dos, sorprendidos por su marido, fueron asesinados. Los lujuriosos tienen el castigo de girar arrastrados por el viento sin parar. La historia de Dante es una historia de piedad y amor, no de juicio; el gran poeta reconoce la grandeza y maravilla de Eros, hasta el punto de que el Canto V puede considerarse, por la delicadeza de los versos, un pedacito de Paraíso en el corazón del Infierno.

EL ARQUETIPO: EL PODER DE EROS

A diferencia de otros arcanos, esta carta siempre ha dado vida a las representaciones más dispares: el Jardín del Edén ve a Adán, Eva y la serpiente dibujados sobre un fondo exuberante, un celebrante une las manos de dos esposos dominados por un Cupido sorprendido en el acto de lanzar la flecha, dibujos más sensuales de abrazos o más simbólicos de la unión interna entre fuerzas opuestas han salpicado las representaciones de esta carta.

Los Amantes son la carta más erótica del tarot, entendiendo con el adjetivo erótico no exclusivamente aquello que pertenece a la esfera sexual, sino también aquello que pertenece al universo más amplio de la fuerza de la pasión, del impulso, de las pulsiones que albergan la existencia.

La psique es de naturaleza antinómica, nada existe en ella sin su contrario, y si el Logos[2] es identificable con la acción diferenciadora capaz de distinguir al sujeto del objeto, discriminar contenidos, dividir los elementos, Eros consiste en la acción integradora que conecta las cualidades generales, media entre lo personal y lo colectivo, integra consciente e inconsciente, asimila organismo y entorno.

---

2. Término de la filosofía griega que abarca los significados de pensamiento y palabra.

No en vano, una de las iconografías más clásicas e interesantes de la carta de Los amantes no ve la reproducción de dos figuras unidas por el Amor sino la de tres personajes, e incluso resulta difícil entender cuál de los otros dos preferirá al central.

Las lecturas esotéricas a menudo interpretan esta carta en el sentido de «estar ante una elección».

Esta elección se desprende claramente de la mitología clásica en la historia de Heracles en la encrucijada.

En las *Memorias socráticas*, Jenofonte cuenta cómo dos mujeres se acercan al héroe, al encontrarse en la encrucijada metafórica de su iniciación.

El primero es de una sensualidad asombrosa y ofrece a Heracles una vida libre de toda preocupación, llena de disfrute. Su nombre es Hedonè, nombre del que surge la propia palabra «hedonismo», encarnación mitológica del principio del placer.

En ese momento interviene otra mujer en la discusión, también bella, pero de una belleza noble y sencilla. Esta última le recuerda a Heracles el honor de los dioses, los principios de lealtad, amistad y servicio comunitario, gracias a los cuales el héroe adquirirá gloria y fama. Le recuerda que la tierra sólo da buenos frutos si se cultiva, que el ganado sólo resulta prolífico si se cría, que hay que ejercitar el cuerpo y la mente si se desea fuerza, nobleza y salud. Su nombre es Aretè, nombre que constituye la raíz etimológica de la expresión «hombre mejor» en la base del significado original de la palabra «aristócrata».

En la disputa que surge entre las dos mujeres, Aretè llega incluso a cuestionar el dominio de Hedonè sobre el placer, subrayando cómo quienes, como ella, ni siquiera esperan a que surja el deseo para satisfacerlo, no conocen el verdadero placer, recordándole que está prohibido cualquier elogio y que la vejez que espera a sus seguidores está definida por la miseria.

Así, Aretè se presenta como la encarnación del principio de realidad, el otro principio que alberga la psique humana.

> El principio de placer y el principio de realidad personifican las presiones antitéticas ejercidas por diferentes instancias de la psique, son el prototipo del conflicto. El principio de placer y el principio de realidad no son intrínsecamente buenos y malos; como todas las polaridades psíquicas, ambas conllevan necesidades psicológicas y ambas exponen a riesgos evolutivos... Imponen la necesidad de una dirección de coordinación sobre la que recaiga el peso de las laceraciones y el peso de la reconciliación. En la psique este papel se confía principalmente al ego.[3]

---

3. Widmann C.: ibíd., pág. 131.

Encontrarse frente a fuerzas internas opuestas es una experiencia humana: es posible que las dos fuerzas psíquicas sean a la vez positivas (dedicarse a la propia carrera o dar prioridad a la propia familia) o negativas (lanzarse por la ventana de una casa en llamas o permanecer resguardados esperando ayuda) o, finalmente, sentir la poderosa fuerza de Aretè y Hedonè en situaciones que ejercen simultáneamente atracción y repulsión.[4]

Es la situación clásica en la que nos encontramos cuando queremos hacer algo, pero tememos las consecuencias, o cuando diferentes valores entran en conflicto en nuestro interior.

¿De qué lado deberías estar cuando te enfrentas a dos amigos queridos que están discutiendo? ¿Cómo reaccionar si nos enamoramos de alguien que no deberíamos, como Paolo y Francesca del canto de Dante? O, de nuevo, ¿cómo gestionar las ganas de diversión veraniega ante las inminentes fechas de los exámenes universitarios?

Los ejemplos en los que los dos principios salpican nuestra vida pueden ser innumerables.

La capacidad de discernimiento constituye así todos nuestros prerrequisitos para la evaluación crítica y, afortunadamente, la

---

4. Lewin K.: *Dinamica de la personalidad,* Ediciones Morata, 2012.

conciencia interna de los opuestos es también el humus en el que se basa nuestra ética, nuestra posibilidad de juicio, el apoyo a ese honor o heroísmo heracleo que nos distingue del resto del mundo en una singularidad y que, al mismo tiempo, nos hace parte de él como sujeto social.

El Logos, como lo llamó Jung, no es la única fuerza en la que se basan nuestras acciones; junto a él, inseparable, está precisamente ese Eros que tan bien ejemplifica la carta de Los Amantes con el Cupido que domina a la pareja de enamorados, con las imágenes eróticas de los abrazos o con sus representaciones cosmogónicas.[5]

No es casualidad que el arcano de Los Amantes presida el número seis.

Seis es el número de la medianidad matemática porque la raíz numérica de la primera tríada y de las siguientes siempre es igual a seis [1 + 2 + 3 = 6; 4 + 5 + 6 = 15 (5 + 1 = 6); 7 + 8 + 9 = 24 (2 + 4 = 6) etc.]; Dios creó el mundo en seis días, por lo que para Agustín

5. Culturas de todo el mundo han imaginado abrazos cósmicos entre dioses o fuerzas de la Naturaleza: los babilonios pensaban que el Dios masculino del cielo descendía en forma de lluvia y relámpagos para unirse a la Madre Tierra. Las culturas china o azteca están llenas de estas personificaciones cosmogónicas eróticas, en los mitos sudamericanos el Padre cielo yace tendido sobre la Madre Tierra; y Zeus siempre estuvo muy activo en conectar con las divinidades terrenales.

el seis es el número perfecto, dado que la creación sólo pudo haber ocurrido en un número perfecto de días; los pitagóricos llamaban al seis «*connubio*» o «unión amorosa», porque nace no de la simple suma del primer número par/femenino (dos) con el primer número impar/masculino (tres) sino de su multiplicación.[6]

Seis «es un número que media los extremos y entrelaza los opuestos; es una función que conecta, no distingue... sugiere que la esencia de la "creación de alma" consiste... en buscar formas de mediación entre polaridades en conflicto».[7]

Si los seis arquetípicos se unen, también lo hace Eros.

Es correcto traducir el término griego Eros por Amor, pero en algunos aspectos puede ser una traducción engañosa. Eros es esa forma de energía, ese impulso dentro de nosotros que crea vínculos, que mantiene todo diferente en la relación.

Preside la fuerza de atracción de los cuerpos, pero también la de las almas con sus afinidades electivas, sus amistades profundas, su amor a los ideales, a los dioses y a las causas.

Si en el enamoramiento Eros se expresa como una predilección exclusiva por otro ser humano, es también quien inspira en el

---

6. Widmann C., ibíd., pág. 135.

7. Widmann C., ibíd., pág. 135.

artista la pasión por la belleza, en la conciencia elevada la atracción por la sabiduría, en el corazón puro la compasión por los demás.

Su fuerza no es ni buena ni mala, simplemente está presente y cada vez que incursiona en nuestras vidas es un escalofrío, una vibración inextinguible. Así, Eros/Amor en su forma más amplia a menudo preside los cambios internos que decidimos realizar.

Siempre elegimos volver al juego a través de la fuerza del Amor. Lo sabían bien Dante y los *stilnovistas*[8] cuando cantaban sobre el poder transmutador del Amor, su capacidad de hacer que la naturaleza humana alcance las cimas más altas, siendo la energía que lleva al hombre al Paraíso, precisamente porque, como dice el canto de Dante, «El amor, que no perdona a nadie amado por amar».

8. Movimiento poético italiano de finales del siglo XIV que personificaba al *Amor* y angelicalizaba a la *Mujer* como medio de salvación y elevación.

¿Qué elección debo hacer?
¿Qué deseo se esconde dentro de mí y que todavía tengo que desarrollar?
¿Qué fuerzas internas tengo que reunir para alcanzar mi plenitud?
¿Qué me queda todavía por perdonar en mi vida para encontrar la serenidad que merezco?
¿Qué debería dejar de postergar?

- *Soy Eros, la fuerza que combina opuestos, el perdón que libera, la paz que calma, la compasión que ayuda, pero también soy la pasión que abruma, el deseo que desvela, la creatividad que transporta, el impulso que empuja al renacimiento.*
- *Conmigo podrás unir lo que en ti está dividido.*
- *Pero ten cuidado, porque nuestro abrazo no estará exento de energía.*
- *Despertará cada pasión que habita en tu interior.*
- *¿Es esto quizá lo que te asusta? ¿Por eso muchas veces me evitas y me dejas dormir en tu corazón?*
- *Por supuesto, mi Amor requiere valentía, pero es la valentía fácil de un amante.*
- *Sin mí tus horas serán iguales unas a otras, como una niebla matutina que nunca se levanta para revelar el día.*

VII

EL CARRO

Para entregar Babilonia, Mazeo fue como suplicante con sus hijos adultos al encuentro de Alejandro.

El rey estaba feliz por la rendición de la ciudad: Babilonia estaba, de hecho, bien protegida y era difícil de asediar.

Luego recibió amablemente a Mazeo, que llegó con sus hijos. La mayoría de los babilonios se habían alineado en las murallas, ansiosos por ver al nuevo rey y muchos fueron a encontrarse con Alejandro.

Entre ellos se encontraba Bagofane, guardián de la fortaleza y del tesoro real, quien, para no ser superado en celo por Mazeo, había sembrado toda la calle de flores y coronas y había preparado altares de plata llenos no sólo de incienso sino también de todo tipo de aromas.

Le seguían rebaños de ovejas y de caballos como obsequios, y también leones y panteras en jaulas.

Entonces llegaron los sacerdotes, cantando un poema según su costumbre, seguidos por los caldeos, y no sólo los profetas de los babilonios sino también los artistas de las liras. Estos últimos estaban acostumbrados a cantar las alabanzas de los reyes mientras los caldeos explicaban los movimientos de las estrellas y el cambio de las estaciones.

Los caballeros de Babilonia llegaron últimos, con toda su ostentación y sus bellos corceles, todo ello más orientado a la pompa que a la solemnidad.

El rey, escoltado por hombres armados, ordenó a la masa de ciudadanos marchar tras las últimas filas de infantería, mientras él entraba primero en la ciudad en un carro y luego en el palacio.

Al día siguiente examinó el mobiliario de Darío y todo el tesoro.[1]

---

1. Rufus QC, *De rebus gestis Alexandri Magni Regis Macedonis,* Milán, para Giovanni Silvestri, 1838.

ARQUETIPO: EL COMPLEJO DEL EGO

> Todo el tema de las antinomias, punteado insistentemente por los seis primeros arcanos del tarot, converge en el arcano del Carro para invocar a un auriga, una figura que sabe tomar las riendas de la situación en sus propias manos y conducir impulsos intrínsecamente desordenados.[2]

Se dice que Alejandro Magno, arquetipo absoluto del conquistador, solía decir: «Yo no robo victorias», expresando con esta frase la conciencia de que tendría que conquistarse a sí mismo ante sus enemigos, que la gloria vendría de la disciplina y del valor en la batalla no por engaño político o subterfugio, que sólo gracias a la fuerza de su ardor llegaría a los confines del mundo.

Del mismo modo, la figura del guerrero que domina en la carta del Carro se convierte en una representación no sólo de las aspiraciones de éxito, de conquista, de expansión que alberga la construcción de la personalidad, sino también de la personalidad misma, de ese Ego capaz de domar las fuerzas emocionales y los

2. Widmann C., ibíd., pág. 151.

impulsos inconscientes, para supervisar y gobernar pensamientos, sentimientos y emociones en el flujo de la existencia.

La entrada en Babilonia del macedonio triunfante en un carro quedó en la memoria y en la historia del arte en un sentido mítico, pero después de él ése sería el destino de todos los grandes líderes romanos.

En Roma, el honor del desfile triunfal se concedía sólo a aquellos que habían aniquilado no menos de 5000 enemigos y habían logrado una victoria definitiva.

La aclamación comenzó desde Campo Marzio entre gritos y cánticos que celebraban la gesta del general.

Carros cargados con el botín de los vencidos precedían a un carro más suntuoso, tirado por cuatro caballos blancos, sobre el que estaba el triunfador vestido con una toga púrpura, con la cabeza rodeada por el laurel de la gloria, mientras un esclavo sostenía sobre él una corona de oro.

La procesión llegó al Capitolio donde, tras el último júbilo de la multitud, un criado gritó desde atrás al hombre aclamado: «Memento te homine» (recuerda que eres un hombre). Luego, el general entró en el templo de Júpiter, colocó la corona a los pies del dios y sacrificó víctimas, para recordar que no era un actor, sino un simple instrumento de la gloria de la ciudad.

La iconografía de este triunfo impregna completamente el séptimo arcano del tarot: un auriga, de pie sobre un carro ricamente adornado, avanza tirado por dos pares de caballos.

Es un guerrero, una figura conectada con los temas que giran alrededor de la lucha, la conquista y la victoria; una lucha tan constitutiva que en los dibujos puede adoptar la imagen de Marte, la del faraón Ramsés gobernante de Qades,[3] la del auriga romano con el carro dorado, la del caballero medieval vestido con armadura de hierro…

De pie en su triunfo, el auriga preside toda forma de autoafirmación: el deseo de posición social, la afirmación del propio papel, la expansión de la propia influencia, y gobierna toda capacidad de autodisciplina, toda autoconciencia, cualquier autodeterminación.

Jung distingue entre el Ego, que representa todo lo que es consciente en un individuo, su personalidad consciente y el Sí-mismo, el complejo psíquico total, que incluye tanto lo consciente como lo inconsciente. Manteniendo esta terminología, podemos entonces sugerir cómo el auriga victorioso de lo arcano representa la parte consciente de nosotros.

---

3. La Batalla de Qades enfrentó a las mayores potencias del mundo antiguo y constituyó el acto final de una larga serie de guerras que enfrentaron a la potencia hitita contra la egipcia, con la victoria definitiva de esta última.

En continuidad e identidad consigo mismo, el Ego-Automedonte[4] conduce el excedente de energía psíquica que proviene de los corceles, experimenta el libre albedrío y abraza todo lo que sabe sobre sí mismo, un polo de identidad personal y un elemento de relativa estabilidad.

El carro sobre el que está es un vehículo de locomoción y como tal un símbolo de movimiento, pero también es un arquetipo que nunca representa un viaje sin destino.

El carro es un vehículo vinculado de manera emblemática a un propósito, ya sea arar un campo, transportar mercancías o conducir a un César a la batalla.

Su proceder lleva consigo un compromiso ya asumido, a menudo gravoso, como el del Ego que supervisa el mundo psicofísico y moral del individuo.

---

4. En la mitología griega era el cochero de Aquiles que cuidaba de los caballos inmortales Balius y Xanthos.

Cuando en los dibujos el carro tiene alas, simboliza cómo la disciplina que persigue el Ego puede conducir no sólo a la autoafirmación sino también a la autotrascendencia: es la ciencia del yogui, la oración del hesicasta,[5] la autobservación del discípulo de Gurdjieff.[6]

No es casualidad que en la mitología sagrada Eos, la aurora, llegue a los hombres en un carro celestial. Elías asciende al Paraíso en un carro de fuego. Arijuna afronta la batalla final en un carro conducido por el propio Krishna, mientras la deidad le revela enseñanzas sagradas.[7]

Cuando es el Sí-mismo del individuo el que orienta la personalidad del Ego, el hombre se mueve en armonía con su propia alma y a partir de sí mismo trasciende.

---

5. Doctrina ascética del cristianismo oriental, cuyo objetivo es la paz interior en unión con Dios y en armonía con la creación.

6. El filósofo y místico armenio (1872-1949) implementó una doctrina según la cual el propósito último de la conciencia era llevar al hombre al despertar a través del recuerdo de sí.

7. El poema Bhagavdgita es un texto sagrado de la tradición hindú. Su contenido narra el momento en el que el virtuoso guerrero Arjuna, hijo del dios Indra, prototipo del héroe, se dispone a iniciar la batalla de Kurukṣetra, durante la cual tendrá que luchar contra los miembros de su propia familia, formando parte de la facción de los malvados Kauravas, usurpadores del trono de Hastināpura.

El auriga dibujado en el tarot aparece así apropiadamente representado sin riendas: el Ego líder no necesita látigos si es transportado a su meta por la totalidad de sí mismo, si es un Héroe que transforma el mundo a través del camino de construcción de su propia individualidad.

Que el viaje no es fácil lo demuestran los animales que transportan al líder.

Los dos caballos tiran en direcciones opuestas y casi siempre son de diferente color o sexo, señal de que en nosotros albergan pulsiones antinómicas: intuición antagónica a la sensación, sentimiento antagónico al pensamiento, instinto antagónico a un instinto opuesto, etc.

> En la escena arquetípica de los orígenes, el caballo es una imagen del psiquismo preconsciente… Es una figura de gran poder, es un símbolo de las fuerzas originales que animan la psique: su dinamismo lo convierte en una imagen universal de impetuosidad, instinto y fecundidad.[8]

8. Widmann C.: ibíd., págs. 149-150.

El arquetipo de la carta hoja del tarot es, por tanto, una epifanía del Ego que doma estas fuerzas, las coordina e implementa la concreción de la existencia.

El propio Alejandro conocía bien el poder cautivador del inconsciente, vivió una vida de excesos y esfuerzos por contenerlos y, como el Ego-auriga, buscó una existencia consciente, no transportado por los plasmas del mundo emocional sino al timón de su propio destino.

Así, en las tradiciones sagradas, el número que preside la carta es simbólico de manera pertinente.

El siete es un modelo de unidad, pero de una unidad compuesta de multiplicidades; una unidad realizada por la recomposición de los elementos, por un trabajo que no oculta lo múltiple: toda la creación fue terminada en siete días, siete es el número budista de la plenitud, siete son los chacras y siete son los dones del Espíritu Santo gracias al cual el hombre lleva una vida irreprochable.

Es esta unidad la que supervisa el Ego-auriga, teniendo el poder de decidir si el viaje hacia el que conduce el carro está lleno de arrogancia vacía o es un medio de evolución y progresión conscientes.

¿A dónde voy?

¿Cuál es mi acción en el mundo?

¿Con qué creencias y valores me enfrento

a lo que tengo delante?

¿Qué objetivos son realmente importantes para mí?

- *Yo soy tu victoria.*
- *Quien puede llevarte al triunfo. Ningún emprendimiento me asusta porque domino todas mis energías y con ellas avanzo en el mundo.*
- *Los fracasos son sólo lecciones para nuevas conquistas, son iniciaciones, ya que para mí el pasado nunca es una condena.*
- *Conozco la fuerza de la expansión, la lucha es mi amiga.*
- *Nación tras nación puedo llegar hasta los confines del mundo sin temer a la muerte; lo que temo, sin embargo, es el callejón sin salida y dar vueltas y vueltas sin rumbo.*
- *De hecho, sé hasta qué punto el hábito es mi enemigo.*
- *Es tan insidioso que puede aniquilar el mayor coraje, puede incluso llevar a amar lo que causa dolor.*

VIII

LA JUSTICIA

16 Un día, dos prostitutas se presentaron ante el rey. 17 Una de
las dos dijo: «¡Escúchame, señor! Esta mujer y yo vivimos en la
misma casa. Di a luz mientras ella estaba sola en casa. 18 Tres
días después de que yo diera a luz, esta mujer también dio a luz.
Estamos juntas y no hay ningún extraño en la casa excepto noso-
tras dos. 19 El hijo de esta mujer murió durante la noche porque
ella se acostó sobre él. 20 Ella se levantó en medio de la noche,
tomó a mi hijo de mi lado (tu sierva estaba durmiendo) y lo puso
en su seno, y sobre mi seno puso a su hijo muerto. 21 Por la ma-
ñana me levanté para amamantar a mi hijo, pero he aquí que es-
taba muerto. Lo observé atentamente, no era el hijo que yo había
dado a luz». 22 La otra mujer dijo: «¡No es verdad! Mi hijo es el
vivo, el tuyo es el muerto». Y ella, por el contrario, dijo: «¡No es

verdad! El muerto es tu hijo, el mío es el vivo». Así discutieron en presencia del rey. 23 Él dijo: «Ella dice: "Mi hijo es el vivo, el tuyo es el muerto" y ella dice: "¡No es verdad! Tu hijo es el muerto y el mío es el vivo"». 24 Entonces el rey ordenó: «¡Traedme una espada!». Trajeron una espada ante la presencia del rey. 25 Entonces el rey añadió: «Corta en dos al hijo vivo y dale una mitad a una y la otra mitad a la otra». 26 La madre del niño vivo se volvió al rey, porque su corazón se conmovió por su hijo, y dijo: «Señor, dale a ella el niño vivo. ¡No lo mates, por favor!». La otro dijo: «Que no sea ni mío ni tuyo. ¡Divídelo en dos!». 27 Habiendo dicho esto, el rey dijo: «Dad el niño vivo a la primera; no lo matéis. Ésa es su madre». 28 Todos los israelitas se enteraron de la sentencia pronunciada por el rey y tuvieron respeto por el rey, porque habían visto que la sabiduría de Dios estaba en él para hacer justicia.[1]

---

1. *El Juicio de Salomón,* La Santa Biblia, 1 Reyes, 16-28.

EL ARQUETIPO: LA LEY DEL KARMA

La elección del título «La ley del Karma» para definir el arquetipo de la Justicia no es casual. El significado simbólico del contraste va, de hecho, más allá del intento de reequilibrar los agravios sufridos por un tribunal humano, va más allá de la justicia empírica en la que las razones éticas coexisten con la referencia a la violación de las reglas.

Como en la filosofía india, la idea de Justicia representada en el tarot es intrínseca a las leyes de la naturaleza. Es una idea pura, absoluta, de la que el sistema jurídico-social es sólo una representación, un intento relativo y quizá inferior frente a una aspiración universal.

La iconografía de la Justicia no ha sufrido muchas variaciones a lo largo del tiempo: una mujer angelical sentada majestuosamente sostiene una balanza en una mano mientras que con la otra levanta una espada desenvainada. Sin embargo, a lo largo de la historia del pensamiento ha resultado más complejo definir la esencia misma del concepto de Justicia.

Para Platón, la Justicia era la armonía interna, para Aristóteles consistía en la distribución equitativa de los bienes, para Agustín en la voluntad divina, para Kant en la libertad de conciencia, para Hegel en la superación del naturalismo... En la historia de la humanidad, el principio ha decaído, en definitiva, en una multiplicidad de reflexiones en las que la idea abstracta de Justicia queda en un segundo plano, haciéndose explícita a través de innumerables parámetros.

En su sabiduría, la mitología griega no contaba con una sola divinidad para personificar a la Justicia, y si Themi (la Orden) era representada con los mismos atributos de balanza y espada que el arcano, a este último se le unía su hija Dike (La Justicia), quienes, sin embargo, abandonaron el mundo de los hombres cuando comenzaron las guerras y la violencia en la historia, y, finalmente, Némesis (el Reequilibrio) fue designado para supervisar la indignación divina por sus excesos.

Así, la trinidad mitológica pasó a constituir un ideal de Justicia adecuado a una armonía, a la vez anhelada y simbólica, en la que «Themi sugiere que la justicia significa ante todo no ir contra la propia naturaleza… Dike protege la interacción y el respeto mutuo… Némesis interviene para restablecer el equilibrio perturbado, para compensar los excesos o el unilateralismo…».

> No hay impulsos vengativos en las motivaciones de estas diosas: no hay propósitos punitivos en sus intervenciones. Actúan como una ley impersonal de causa y efecto.[2]

---

2. Widmann C.: ibíd., pág. 169.

La ley de causa/efecto o ley del Karma enseña que toda acción tiene una consecuencia. Ninguna elección queda sin resultados, tanto en la organización del mundo como en su impacto psicológico.

La espada de fuego sostenida por el arcano está ahí para significar la naturaleza separativa que trae consigo la carta.

Con la espada que corta, la Justicia no permite que nadie retroceda, separa el bien del mal en la vida y separa los momentos de conciencia en la psique en un antes y un después cronológico. De hecho, una vez que un ser humano ha aprendido una verdad, ya no puede recuperar su inconsciencia original. Cada momento de conocimiento cambia al individuo para siempre.

Consciente de su naturaleza, la Justicia también es adulta. Desde su asiento autoritario toma decisiones reflexivas.

Gracias a la Justicia, el Ego del Carro cortó la dependencia paterna, contuvo modelos idealizados y dio un corte a los estilos de vida infantiles. Ya no culpa a los demás, ya no pospone la asunción de sus propias responsabilidades.

La espada de la Justicia apunta al cielo, al Ego inspirado por el espíritu, apoya las conquistas internas, adquiere su centralidad.

La balanza que la mujer en el trono sostiene en la otra mano, sin embargo, nos habla de medida y equilibrio.

La justicia, en efecto, no es capaz por sí sola de restaurar el estado anterior al dolor, no es capaz de devolver lo mermado a quienes han sufrido un mal, o puede tal vez devolver pero nunca satisfacer, no puede expresar la igualdad. Por el contrario, es capaz de expresar equivalencia y proporción, es capaz de tener en cuenta aspectos complementarios y logra conducir la psique a la compensación de contenidos.

La balanza se convierte así en un emblema de su relatividad. En una balanza, todo depende de lo que se pone en los platos.

La búsqueda interna de los motivos de los acontecimientos dolorosos de la vida toma siempre un doble camino, puede detenerse en el estado vengativo del ojo por ojo o implementar mecanismos de compensación que eleven la psique a estados anímicos de perdón o de transformación personal. En la balanza de la Justicia está la diferencia entre gangrenarse con la ira del pasado o convertirla en instrumento de la evolución.

El ocho que preside el arcano «especifica que la Justicia es una función ordenadora de la psique; no nos lleva tanto a someternos a órdenes exteriores, sino a crear orden interior».[3]

Es el número que representa arquetípicamente el equilibrio cósmico: el Dharma de la rueda cósmica se compone de ocho radios, los pétalos sobre los que se sienta Buda son ocho, así como el

3. Widmann C.: ibíd., pág. 176.

camino que conduce al despertar es óctuple;[4] en el cristianismo las ocho bienaventuranzas trazan el camino hacia la felicidad del hombre y son los ocho brazos que Visnú extiende, en el hinduismo, los que protegen a todas las criaturas del universo.

Doble de cuatro, el ocho también duplica su simbolismo ordenador. Finalmente, el ocho es un número delicadamente femenino en el sentido de que los pitagóricos lo definían como igualmente par, compuesto de dos y divisible por dos.[5] Quizá por eso la Justicia es representada con rasgos de mujer.

Su espíritu no es el del magistrado, del juez, del cálculo matemático de los crímenes y de las penas sino el de la sensibilidad, el de la capacidad de participación, el del sentimiento, el de la sabiduría interior, señal, tal vez, de que la conciencia moral madura más a través del sentimiento que a través del razonamiento.

---

4. El Óctuple Sendero es la cuarta noble verdad y consta de ocho prácticas: actitud correcta, intención correcta, palabra correcta, acción correcta, modo de vida correcto, esfuerzo correcto, atención plena correcta y concentración correcta. Está representado visualmente por la rueda del Dharma, donde cada uno de los ocho radios expresa una de las ocho prácticas.

5. Para los pitagóricos, los números pares son femeninos mientras que los impares son masculinos. Dos es el primer número femenino.

¿Qué necesito para reequilibrar o armonizar?
¿Hay resentimientos no disueltos dentro de mí que me obstaculizan para alcanzar la felicidad?
¿Qué debo desechar de mi vida o qué debo sopesar cuidadosamente?
¿Hay alguna responsabilidad que estoy postergando asumir?

- *Todas las cosas del universo tienen su lugar gracias a mí.*
- *Con mi espada separo el bien del mal y presido todo acto de conciencia.*
- *Una vez que conoces una de mis verdades, nunca podrás volver atrás.*
- *Con mi balanza compenso y reequilibro.*
- *No estoy aquí para juzgar sino para medir, no estoy aquí para castigar sino para restaurar la armonía de las cosas.*
- *Te recuerdo que cada acción tiene una consecuencia, pero también que cada libertad está en tus manos.*
- *Soy eterna, por eso el tiempo no existe en mí, aprovechad bien este don porque, gracias a mí, cualquier redención de la injusticia sufrida es posible.*

IX

EL ERMITAÑO

A Alejandro, que una vez al encontrarlo le dijo: «Soy Alejandro, el Gran Rey», le respondió: «Y yo soy Diógenes, el Perro». Y cuando el Rey le pidió explicaciones le dijo: «Muevo la cola a los que me dan algo, ladro a los que no me dan nada y muerdo a los inútiles».

A quienes le decían que «vivir es un mal», él respondía: «No vivir, sino vivir mal».

Diógenes de Sinope, el Cínico (412-323 a. C.) fue un antisocrático dotado de una dialéctica completamente atípica y profundamente antiheroica. Para educar en la esencialidad, el filósofo, alumno de Antístenes, eligió no sólo animales callejeros sino también implementar un modo de vida radical y profanador.

Decidió vivir dentro de un barril abierto que pertenecía al templo de Cibeles y, cuando vio a un niño bebiendo usando sólo sus manos, destruyó lo único que poseía: un cuenco de madera que usaba para sus abluciones. Sin embargo, nunca abandonó ni su manto, única prenda que lo cubría tanto de día como de noche, ni su bastón, símbolo del incesante deambular.

Diógenes enseñó que la relación con la naturaleza y la sencillez absoluta eran la única base de una vida moral, ya que consideraba el desarrollo artificial de la sociedad como una desviación nociva en la búsqueda de la verdad: «El hombre ha complicado cada uno de los simples dones de los dioses».

Solía proclamar que toda convención era un impedimento a la adhesión natural en la que residía la esencia de la existencia.

Su vena provocadora, que le permitía comer sentado en el suelo, defecar en los teatros públicos y realizar actos sexuales en las calles, no era ciertamente un anarquismo vacío, sino que cumplía la tarea de llevar una conciencia crítica a la polis: «Todo pertenece a los dioses;[1] los sabios son amigos de los dioses; los bienes de los amigos son comunes. Por eso los sabios lo poseen todo».

Diógenes Laercio,[2] su tocayo y gran biógrafo, nos cuenta que una vez decidió coger un farol a plena luz del día y salir a la calle.

---

1. Ciudad.
2. Diógenes Laercio (180-240 d. C.) fue un historiador griego cuya obra *Vidas de los filósofos* es una fuente importante para la historia de la filosofía antigua.

Cuando los atenienses le preguntaron por qué había hecho esa cosa extraña, respondió: «Estoy buscando al hombre». No tanto un hombre irreprochable, como lo entenderíamos hoy reduciendo el concepto a cualidades éticas, sino más bien un hombre que viviera según su verdadera creación, libre de limitaciones morales y materiales, ya no esclavo de la fortuna y del destino caprichoso.

Liberarse de la esclavitud de la necesidad lo convirtió en uno de los primeros en proclamar una visión cosmopolita de la vida, por la que a menudo decía de sí mismo: «Soy ciudadano del mundo entero», yendo así mucho más allá de la costumbre de la época de ver la propia identidad vinculada a la pertenencia a una polis.

Habiendo partido hacia Egina (isla a 50 km de Atenas), fue capturado por piratas que lo vendieron como esclavo en Creta a un tal Jeníades, quien lo hizo tutor de sus dos hijos y curador de su casa. Cuando el traficante de esclavos preguntó al filósofo cuál pensaba que sería su precio, respondió que sólo podría venderse a un hombre de gobierno o a alguien que buscara un maestro.

Cuenta Diógenes Laercio: «Y cuando el heraldo le preguntó qué sabía hacer, Diógenes respondió: "Mandar a los hombres". Fue entonces cuando señaló a un hombre de Corinto que vestía una fina túnica de color púrpura, el mencionado Jeníades, y dijo: "Véndeme a ese hombre: necesita un maestro"».

El filósofo cínico vivió el resto de su vida en Corinto, vinculado a la familia de Jeníades.

De vez en cuando pronunciaba discursos públicos en los Juegos Olímpicos u otros juegos que atraían a una audiencia y, tal vez, fue durante uno de esos eventos cuando conoció a Alejandro Magno.

Laercio, a diferencia de Plutarco, relata la reacción irritada del rey ante el comportamiento irrespetuoso de Diógenes, por lo que envió una bandeja llena de huesos a quien llamaban «el perro».

Diógenes aceptó el regalo diciendo: «La comida es digna de un perro, pero el regalo no es digno de un rey».

Murió en Corinto a los ochenta y nueve años de edad, al mismo tiempo que Alejandro moría en Babilonia.

EL ARQUETIPO: LOS MISTERIOS DEL TIEMPO

Si el tarot del Carro realiza su acción en el espacio, la carta del Ermitaño la realiza en el tiempo.

Su iconografía más clásica es la de un hombre viejo como el mundo, encorvado y cosmopolita, sostenido por un bastón y cubierto por un manto, portando un reloj de arena o un farol.

Con ambos, como Diógenes, busca al Hombre, y si el farol de seis caras prefigura una referencia a la sabiduría salomónica que ilumina el camino, el reloj de arena nos habla del tiempo que tarda en conseguirlo.

El reloj de arena es un instrumento de medición cronológica que «celebra la adquisición triunfal del tiempo por parte del Ego».[3]

En el desarrollo humano, Piaget[4] explica cómo, durante los dos primeros años de vida, el individuo vive en una atemporalidad confusa y plantea la hipótesis de que el concepto de tiempo comienza a deslizarse hacia la fractura entre la necesidad y la satisfacción, entre el llanto y el cuidado. En la satisfacción que se demora se abre paso la idea de un tiempo lineal y con ella la elaboración de un ego histórico que transita la vida en secuencias, en flujos temporales que cambian, mutan, definen la identidad y edad del ser humano.

Pero, desde un punto de vista psicológico, el tiempo no es exactamente así. La atemporalidad, el no tiempo, está siempre presente como lo está el tiempo cronológico. Si la conciencia es el lugar del devenir, el Sí-mismo es el del eterno indistinto.

---

3. Widmann C.: ibíd., pág. 184.

4. Piaget J.: *El criterio moral en el niño,* Fontanella, 1971.

Freud argumentó que el tiempo es producto de la percepción, refleja los contenidos de la conciencia, está marcado más por el sujeto que lo percibe que por el movimiento sistémico de las manecillas del reloj.

¿Cuántas veces en un momento de alegría y regocijo hemos pensado «el tiempo ha pasado tan rápido» y cuántas veces en un momento de aburrimiento o tristeza nos ha parecido que ya no pasaba?

¿Cuántas veces los acontecimientos han regresado a nuestra memoria de manera inesperada, trayendo sensaciones vívidas como si el suceso lejano hubiera ocurrido momentos antes?

¿Cuántas veces pequeños acontecimientos aleatorios han dado lugar a analogías y reflexiones sobre nuestra historia personal?

La mitología griega distinguía entre Cronos y Kairós y si el primero era el dios del paso inexorable de la existencia que conduce a la muerte, el segundo era el dios de las sincronicidades en las que los hechos se entrelazan a través de la lógica del significado y no de la de la causa y el efecto.

Kairós es el término que se utiliza para designar el momento adecuado para que las cosas sucedan, el momento apropiado para que maduren las decisiones y los proyectos, el momento conveniente para comprender el significado, para pagar las culpas o terminar con los ciclos existenciales.

Cronos respondía a los paradigmas cuantitativos de la linealidad, Kairós a los cualitativos de la evolución subjetiva.

El reloj de arena es un doble instrumento precisamente para recordarnos el doble valor del tiempo, el cronológico del consciente y el atemporal, magmático del inconsciente.

«El reloj de arena del Ermitaño llama», así, «al Yo a organizar la cadena de acontecimientos existenciales en el tiempo histórico, manteniéndose en conexión con las dimensiones intemporales de la psique», asegura que los acontecimientos[5] del devenir no estén separados del discernimiento interior.

Cuando el tiempo se utiliza así, se convierte en un vehículo de sabiduría.

«No deberías haber envejecido antes de volverte sabio»,[6] advirtió el Loco al Rey Lear, subrayando que ambos procesos no están relacionados en absoluto.

Pero si lo están, entonces el reloj de arena del Ermitaño se transforma en un farol, en un pequeño fuego portátil, en una imagen distintiva de luz para el viajero que avanza en la noche.

---

5. Widmann C.: ibíd., pág. 186.

6. Shakespeare W.: *El Rey Lear,* acto I, escena V.

El Ermitaño lo lleva en alto, señal de que su viaje ha madurado tanto en la experiencia del tiempo cronológico como en la del tiempo de la conciencia.

La naturaleza del farol del Ermitaño es la misma que la del que llevaba Diógenes por las calles de Atenas, una luz tenue que, sin embargo, distingue a quien ha demolido toda idealización de sí mismo, toda máscara. Brilla con la luz del mundo, faro suficiente para orientarse con certeza por los caminos de la existencia.

El manto del anciano sabio oculta el resplandor de la vista de los demás, explicando cómo la iluminación, la sabiduría así alcanzada, es esencialmente una experiencia privada, mientras que el aspecto de *senex* (anciano) del arcano nos habla de un momento de introversión, nos habla de alguien que se ha retirado de los acontecimientos externos y dirige toda su energía hacia los internos.

La extraversión y la introversión en Jung son descripciones de tipos psicológicos que, en el lenguaje común, a menudo se han reducido a tipologías de personajes. En realidad, estos términos describen una dirección de la energía psíquica: la extroversión indica la atención que sigue a los acontecimientos objetivos y orienta las acciones hacia el exterior, la introversión es la energía que lee las condiciones externas en relación con las resonancias internas que se activan.

El Ermitaño sabe acceder a las profundidades intemporales de la psique, desarrolla su reflexión en el silencio, centra su atención en lo más profundo de sí mismo.

Su ida es la ida de los vagabundeos de la existencia y al mismo tiempo el viaje del alma.

Pero el viaje del alma no es un viaje sin monstruos, un Ego que se aventura en el abismo del Sí-mismo debe tener solidez y sabiduría para salir victorioso del encuentro con sus propios fantasmas.

Así, la figura del Ermitaño traza toda la parábola de la soledad, la doble naturaleza de esta experiencia que puede ser angustiosa y dolorosa o liberadora y reflexiva.

La soledad del Ermitaño puede recordarnos experiencias relacionadas con el abandono, la separación y la pérdida o aquellas relacionadas con el rechazo de las limitaciones opresivas, con la emancipación del condicionamiento, con una dimensión de la existencia que amplifica la posibilidad de elección que ya no está determinada por la necesidad.

Esta última es la soledad de los monjes de todas las religiones, donde la palabra *Monakos*, que deriva de monos, significa ciertamente «solo» pero también «único». Cuando el Ermitaño se convierte en Monje, prefigura cómo un conocimiento exclusivamente íntimo es viático de una identidad individual estructurada, de la conciencia de una unicidad constitutiva e irrepetible.

No en vano el monje ermitaño preside el número nueve.

El nueve es un número que posee «propiedades de invariabilidad que encuentran aplicación ordinaria en la "prueba de fuego" y gracias a las cuales se ofrece simbólicamente como una serie de verdades».[7]

En todos los múltiplos de nueve, la suma teosófica da como resultado nueve (18 = 1 + 8; 27 = 2 + 7; 81 = 8 + 1, etc.). El número nueve se convierte así en imagen de lo que siempre vuelve a sí mismo, manteniendo una relación con la multiplicidad de las partes: las nueve musas constituyeron las diosas de la totalidad del arte, nueve son los meses que un niño necesita para formarse completamente en el vientre materno, una novena prepara al fiel cristiano para un acontecimiento final.

El Ermitaño Tiempo busca al Hombre, y el hombre es ese ser extraño en proceso de devenir en su propia unicidad.

7. Widmann C.: ibíd., pág. 192.

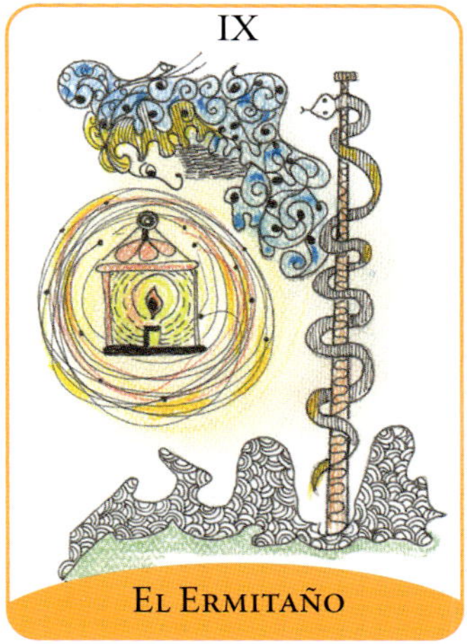

¿Qué dice mi sabiduría?
¿De qué me estoy alejando?
¿Cómo vivo momentos de soledad conmigo mismo?
¿Cómo puedo hacer que este tiempo que vivo sea aún más mi aliado?

- *Poco a poco me liberé de todas las ataduras, y las máscaras de la vida no me definen.*
- *Soy la soledad que se libera porque ninguna de mis elecciones está determinada por la necesidad.*
- *Soy el tiempo que encuentra sentido a las cosas, pero también el tiempo que fluye inexorablemente hacia el final, a ti te toca decidir qué parte de mí prefieres, te las ofrezco ineluctablemente.*
- *Mi farol ilumina el camino como una luz de sabiduría, pero es una luz privada, una luz sólo mía.*
- *Como un maestro silencioso puedo mostrarte el camino, pero sólo tú puedes encender tu luz.*
- *Búscame en aquellos que te enseñan con amor, compara los hechos de la vida con los del corazón.*
- *No temas a los fantasmas que puedas encontrar mirando dentro de ti, con mi sabiduría se evaporarán como la niebla de la mañana, más bien teme no querer ver, teme al miedo al miedo.*

X

LA RUEDA DE LA FORTUNA

¿Qué es entonces, oh Boecio, lo que te ha llevado a tanta tristeza y lágrimas? Para mí, creo que viste algo nuevo e inusual.

Si crees que la Fortuna ha cambiado para ti, estás equivocado. Éstas han sido siempre sus costumbres, así está hecha su naturaleza. En efecto, al dirigirse a ti, mantuvo más bien su constancia, que es precisamente cambiar: así era ella cuando te acariciaba; así cuando la gente te rodeaba con trucos y atractivos de una felicidad no verdadera, divirtiéndote.

Ahora has comprendido muy bien cuáles son y cómo son los rostros de esta Diosa ciega, que son tan dudosos de conocer.

Ella, que ahora cubre a los demás, se te ha desvelado.

Si te gusta tal como la ves, aprovecha sus costumbres, pero no te preocupes: si temes su traición, déjala ir, y no te avergüences de ella, que siempre bromea, juega; y sabes que el motivo que ahora te trae tanta melancolía debe ser el que te traiga tranquilidad.

Has sido abandonado por ella, de quien nadie puede estar seguro de que no la abandonará.

Dime: ¿valoras esa felicidad que, sin embargo, está a punto de esfumarse? ¿Eres querido por esa fortuna, de la que no puedes estar seguro de que va a permanecer y que, al partir, debería afligirte?

Ahora bien, si no puede contenerse cuando quiere a los demás, y al huir los hace infelices y dolientes, ¿qué otra cosa quiere demostrar su fugacidad, aparte de que pronto seremos infelices y calamitosos?

Porque no basta con ver sólo las cosas que tenemos ante nuestros ojos.

Los hombres prudentes miden los fines de las cosas: saber que la Fortuna es mutable tanto en un sentido como en otro significa que no debemos temer sus amenazas ni desear sus halagos.[1]

---

1. Severino Boezio: *De Consolatione Philosophiae,* Libro II, traducido por Benedetto Varchi, Padua 1832. Boecio era miembro de la nobleza romana, nació en Roma alrededor del 475 d. C. en el seno de la familia Anicii. Hombre de cultura muy refinada, se convirtió en cónsul en el 510 d. C. bajo el reinado de Teodorico, pero unos años más tarde el rey cambió su política de tolerancia hacia la nobleza romana por temor a que ésta pudiera aliarse con el Imperio de Oriente.

EL ARQUETIPO: LA CASUALIDAD

Ningún arcano, a primera vista, tiene un arquetipo tan reconocible como la Rueda de la Fortuna.

Es sencillo identificar a la Dama de la Suerte de los antiguos romanos en la iconografía de la carta, la rueda es un símbolo antiguo que hace referencia al movimiento continuo.

Sostiene, aferradas a sus rayos, cuatro figuras humanas o animales que, a pesar de todos los esfuerzos, no pueden evitar encontrarse ahora en lo alto, ahora en lo bajo, exactamente como los acontecimientos de la vida traen a cada uno de nosotros momentos de alegría y de aflicción.

Poderosa e inestable, superior incluso a los dioses, ciega como guía de las existencias, la Fortuna parece más una misteriosa energía cósmica que abraza la totalidad en un ciclo continuo de ascenso, exaltación, decadencia y derrota, que un ser que siente.

Boecio pagó las consecuencias. Encarcelado en el año 522 d. C., fue condenado a muerte dos años después. Durante su encarcelamiento en Pavía, mientras esperaba el veredicto del soberano, Boecio escribió *De Consolatione Philosophiae* (Sobre el consuelo de la filosofía), un diálogo en el que la propia Filosofía discute con el preso para responder a cuestiones cruciales como el significado de la persecución de los inocentes, la del mal en el mundo, el libre albedrío, la intervención de Dios en la Tierra y los misteriosos giros del destino.

Su rueda gira inexorable y misteriosamente hacia el hecho de que «puede pasar cualquier cosa» y, como tal, subyace a la existencia de esa sensación de inseguridad que tanto choca con la necesidad primaria de sentirse protegido; una necesidad que está en la base del desarrollo infantil y que conduce a la experiencia genérica de estrés cuando esta falta en el flujo de la vida.

Algunas cartas del tarot relatan la secuencia de alternancia con la palabra «reinará» refiriéndose a la figura ascendente, «reina» a la de arriba, «reinaba» a la descendente, y «sin reino» a la figura más baja, para explicar el sentido de un destino inexorable.

Pero imaginar el mundo como una rueda también significa imaginarlo en movimiento.

Alrededor del pivote, síntesis del Sí-mismo, fluye toda el alma, y el eje que mantiene unidos los radios detecta todas las motivaciones en torno a las cuales se extienden las elecciones de la vida.

Para filósofos y esoteristas la Rueda de la Fortuna es la *rota mundi* (la rueda del mundo) que abarca todas las fuerzas desde su centro metafísico.

Para la psique es la conciencia de los opuestos.

El psicoanalista Paolo Pieri[2] describe cuatro tipos de opuestos:

---

2. Pieri P.: *Dizionario Junghiano,* Bollati Boringhieri, Torino, 1998.

- Contradictorios: opuestos que no permiten categorías intermedias, entre las que existe una divergencia radical (sí/no, derecha/izquierda, etc.).
- Contrastado: la posesión o falta de una cualidad define un término frente a otro (ruido/silencio, movimiento/quietud).
- Antónimos: la manifestación fenoménica es idéntica, pero la distancia es abismal (luz/oscuridad).
- Relacionado: los opuestos no son excluyentes, más bien se definen entre sí, uno no existiría sin el otro (una mitad lo es tal sólo porque el todo existe).

Gracias a la capacidad crítica, la conciencia tiene el potencial de captar su dinámica, de gestionar composiciones, de elegir suspensiones, de encontrar convergencias.

La Rueda de la Fortuna contiene estos procesos.

La referencia a una organización ordenada y plena de la realidad que aporta la imagen es, de hecho, típica de todas las culturas, de acuerdo con el simbolismo del número diez que preside el arcano: el principio Brahma[3] crea los diez dioses de la existencia, El Dios bíblico usó diez frases para crear el mundo, diez son los

---

3. Principio hindú que no se puede ver, oír, conocer pero que es la fuerza creativa del universo.

mandamientos recibidos por Moisés y diez son las virtudes budistas.[4]

Diez es 1 + 0 = 1, por tanto, el número de lo divino por excelencia, aquel que más que ningún otro se refiere a la totalidad en la unidad, abraza lo universal en lo contingente.

Así, desde su centro, el arcano de la Rueda incluye el ordenamiento masculino del Emperador, los principios del Loco, la sabiduría del Papa, el Ego/auriga del Carro, los principios femeninos de la Suma Sacerdotisa y de la Emperatriz, la ley del Karma de la Justicia y el tiempo del Ermitaño.

La Rueda de la Fortuna es capaz de reunir la pluralidad de experiencias en un solo punto, permitiendo que nuestra identidad no quede dispersa entre las diferentes inclinaciones.

> El fenómeno de la rotación tiene un carácter arquetípico y constituye un modelo original con valor universal que apoya la interacción tanto con el mundo interior como con el exterior.[5]

---

4. Las virtudes en las que practicó el Buda llamadas *pāramī* son: generosidad, virtud, renunciación, sabiduría, esfuerzo, paciencia, verdad, determinación, benevolencia, ecuanimidad.

5. Widmann C.: ibíd., pág. 206.

Las Parcas[6] mismas tejían sin parar un telar para realizar el destino de los hombres y no es casualidad que el movimiento del haz hiciera converger el movimiento circular con el movimiento alterno del pedal.

El viaje de la vida, tan común a todos en el fluir del nacimiento-existencia-muerte, esconde en realidad una infinidad de significados, pasiones y experiencias, de modo que ningún camino es igual a otro. Dentro de la singularidad predeterminada de la criatura existe la pluralidad del casualidad y de las elecciones.

En el imaginario del arcano, cada giro de los personajes en la Rueda coincide siempre con un nuevo comienzo.

Su giro continuo no está exento de saltos evolutivos.

El concepto de circularidad de las fases de la existencia del hombre como ser natural se fusiona con su capacidad de cerrar ciclos, de superar heridas y duelos, de iniciar nuevas etapas, de progresar, cambiar, inventar mundos y situaciones.

Lo peligros que se esconden detrás del fluir de la Rueda no son, por tanto, los cambios o las novedades inesperados, no son los dolores y las alegrías de la existencia, ni las dificultades repentinas.

---

6. Divinidades grecorromanas encargadas de tejer el destino de los hombres.

Nos enseña la bendición que es que el destino nos brinde nuevas perspectivas.

El verdadero peligro escondido detrás de la Rueda es, en cambio, el movimiento que lleva a una compulsión a repetir, a reeditar una y otra vez los mismos acontecimientos: enamorarse del mismo tipo de persona que nos trae sufrimiento, elegir el mismo tipo de trabajo que nos frustra, apegarnos a situaciones que clavan la vida en la sucesión de pasajes idénticos.

Para evitarlo, cuando aparezca la Rueda de la Fortuna, deberás robar psíquicamente otra carta.

¿Qué necesito cambiar?
¿Qué ciclo de mi vida ha terminado o está por terminar?
¿Qué estoy repitiendo?
¿Qué oportunidades debo aprovechar?

- *Soy la Fortuna, la Casualidad y el Destino. Soy quien recuerda a los hombres su naturaleza, pero también soy el centro que nos recuerda el poder de sus emanaciones, la magia en sus cambios.*
- *Abrazo lo universal con lo contingente para que cada movimiento mío sea siempre igual a sí mismo y al mismo tiempo un nuevo comienzo.*
- *Todo lo que empieza termina, y todo lo que termina empieza. Esto es terrible, esto es sabio.*
- *Ten mucho cuidado de no interpretar la rotación de mi haz sin sabiduría, es oportunidad o cansancio.*
- *En su lugar, elige qué tramas capturar en su misterio.*

XI

LA FUERZA

«¿La tiene?», gritó. «¿La tiene?». Su impaciencia era tal que me agarró el brazo y a punto estuvo de sacudirme.

Lo aparté, sintiendo una punzada fría recorrer mis venas ante el contacto de su mano. «Por favor, señor», le dije. «Olvida que todavía no he tenido el placer de conocerle. Por favor tome asiento». Le di ejemplo, me senté en mi silla de siempre, y traté de comportarme como suelo hacer con mis pacientes, tanto como me lo permitía la hora tan tardía, la naturaleza de mis preocupaciones y el horror que me inspiraba el invitado.

«Por favor, discúlpeme, doctor Lanyon», respondió en un tono bastante educado. «Tiene toda la razón. La impaciencia me ha hecho olvidar mis modales. He venido aquí a petición de su colega, el doctor Jekyll, por un asunto de cierta importancia; y me ha parecido entender...». Se detuvo, se llevó la mano a la garganta y me di cuenta de que, aunque intentaba controlarse, estaba al borde de la histeria. «Me ha parecido entender, una caja...».

En ese momento me compadecí de su angustia y también, tal vez, de mi creciente curiosidad.

«Ahí está, señor», dije señalando la caja que estaba en el suelo, detrás de la mesa, todavía envuelta en la hoja de papel.

Corrió hacia allí, luego se detuvo y se llevó la mano al corazón: lo oí rechinar los dientes bajo la acción convulsa de sus mandíbulas, mientras su rostro palidecía tanto que temí por su vida y su cordura.

«Cálmese», le dije.

Se volvió hacia mí con una sonrisa escalofriante y, como movido por la desesperación, arrancó el papel. Al ver el contenido dejó escapar un fuerte sollozo de inmenso alivio que me dejó atónito.

Un momento después, con voz ya controlada, me preguntó: «¿Tiene un tubo de ensayo graduado?».

Con algo de esfuerzo me levanté de la silla y le di lo que me había pedido. Me lo agradeció mientras sonreía y asentía; luego midió unas gotas de tinte rojo y añadió el contenido de uno de los sobrecitos. La mezcla, que inicialmente era de una tonalidad rojiza, empezó a adquirir un color más brillante a medida que los cristales se fundían, hasta tornarse efervescente y emitir pequeñas exhalaciones de vapor. De repente la ebullición se detuvo y al mismo tiempo la mezcla se volvió violeta y luego volvió a cambiar, más lentamente, al verde agua. Mi visitante, que había seguido con mucha atención todos aquellos cambios, sonrió, dejó el tubo de ensayo sobre la mesa, se volvió y me miró con mirada inquisitiva.

«Y ahora», dijo, «vamos al resto. ¿Quiere ser sabio? ¿Quiere dejarse guiar? ¿Me dejará coger este tubo de ensayo y marcharme de esta casa sin más explicaciones? ¿O su curiosidad es demasiado fuerte para resistirla? Piénselo bien antes de contestar, porque haremos lo que quiera. Si así lo decide, seguirá siendo lo que era antes, ni más rico ni más sabio, a menos que quiera considerar el conocimiento de haber ayudado a un hombre en peligro de muerte como una especie de riqueza del alma. O, si decide lo contrario, se abrirán ante usted nuevos campos de conocimiento y nuevas perspectivas de gloria y poder; aquí, en esta habitación, ahora. Un milagro capaz de sacudir la incredulidad de Satanás traspasará su mirada».

«Señor», le dije haciendo gala de una compostura que no tenía en absoluto, «usted habla en acertijos y tal vez no se sorprenda si le digo que le escucho sin confiar mucho en sus palabras. Pero ahora he ido demasiado lejos al darle este servicio incomprensible y ciertamente no puedo detenerme antes de ver la conclusión».

«Está bien», respondió el visitante. «Pero recuerde el juramento, Lanyon: lo que suceda está amparado por el secreto profesional. Y ahora, usted que por tanto tiempo permaneció apegado a reglas estrechas y materiales, usted que negó las virtudes de la medicina trascendental, usted que se burló de los que eran superiores a usted… ¡contemple!».

Se llevó el tubo de ensayo a los labios y bebió el contenido de un trago. Soltó un grito: se tambaleó, trastabilló, se agarró aún más a la mesa a la que permanecía aferrado, mirando con los ojos inyectados en sangre y jadeando con la boca muy abierta; y mientras lo miraba, ocurrió un cambio, me pareció… Se hinchó…, su rostro de repente se oscureció, sus rasgos parecieron disolverse y cambiar… Un momento después me levanté de un salto, apoyé la espalda contra la pared, con los brazos levantados para protegerme de aquel milagro, con la mente abrumada por el terror.

«¡Oh Dios!», grité, y de nuevo «¡Oh Dios, oh Dios!». Allí, frente a mí, pálido y tembloroso, casi desmayado, con las manos tanteando en el vacío como quien emerge de entre los muertos… estaba ¡Henry Jekyll! Me resulta imposible escribir lo que me dijo durante la hora siguiente. Vi lo que vi, oí lo que oí, y mi alma se asqueó por ello. Y aún hoy que esa visión se ha desvanecido de mis ojos, sigo preguntándome si debo creerlo y no puedo dar una respuesta. Mi vida fue sacudida hasta sus raíces; el sueño me ha abandonado; un terror mortal me acompaña a cada hora del día y de la noche. Siento que mis días están contados y que la muerte está cerca, pero moriré en la duda. En cuanto a la depravación moral de la cual aquel hombre, incluso con lágrimas de penitente, quiso levantar el velo, el solo hecho de volver a ella en el recuerdo me provoca una oleada de horror. Diré una cosa, Utterson (si puede creerlo), y será más que suficiente. Según admitió el propio Jekyll, la criatura que entró en mi casa esa noche era conocida con el nombre de Hyde y era buscada en todos los rincones del país como el asesino de Carew.[1]

1. Robert Luis Stevenson: *El extraño caso del Doctor Jekyll y Mr. Hyde.*

EL ARQUETIPO: EL GOBIERNO EN LA SOMBRA

Para introducir el arcano de la Fuerza podríamos haber contado el esfuerzo de Hércules al estrangular al león de Nemea con sus propias manos,[2] la leyenda de Kirene[3] que defiende el rebaño de su padre de las fieras con tal coraje que merece el amor de Apolo, o el episodio de la historia bíblica de Sansón que, habiendo recuperado su poder físico, rompe las columnas de la prisión, provocando la ruina de los filisteos, pero ninguno de estos relatos habría expresado plenamente el arquetipo escondido en la carta.

Los elementos iconográficos de la bestia, la heroína, la columna están presentes en la representación clásica del arcano: una

2. El mito habla de un enorme león que atormentaba a la población de Nemea, cuyo pelaje era impenetrable a las armas, por lo que no podía ser herido de ninguna manera. Hércules primero intentó matarlo con su arco, luego, al ver que era imposible hacerle daño, agarró su garrote y lo obligó a refugiarse en una cueva, donde lo remató con sus propias manos, asfixiándolo. El héroe lo desolló y usó su pelaje para hacer una armadura.

3. Kirene era una cazadora mítica que derrotó con gran valentía a un león que se alimentaba de los rebaños de su padre. El dios Apolo, encantado por su ardor, se enamoró de ella y la llevó al norte de África, donde le regaló la ciudad de Cirene.

mujer abre las fauces de un león con las manos, mientras una columna se eleva detrás de ella. Sin embargo, la imagen del tarot choca con la idea de supremacía victoriosa, voluntad inquebrantable, coraje indomable, facultad de poder, dominio hegemónico y agresión bruta que caracterizan las leyendas en las que el héroe vence a un monstruo salvaje.

La dama de la Fuerza es sumamente femenina, a menudo está ricamente adornada, sus manos no comunican ningún esfuerzo, su mirada se posa en la boca de la bestia incluso sin prestar atención, como si fuera natural para ella dominarla.

El gobernante del bosque, el León, es más bien una expresión arquetípica de la animalidad.

Es una criatura de poder silencioso pero implacable, que yace soñolienta, pero lista para saltar de repente, mostrando de manera inesperada su ferocidad.

El león, en el imaginario colectivo occidental, siempre ha sido el representante teriomórfico de los aspectos animales del hombre.

Las remembranzas de Dante nos recuerdan que es una de las tres bestias alegóricas que impiden al Poeta ascender directamente al Paraíso[4] y, aunque la interpretación de los versos de la *Divina*

---

4. «Pero no me hizo temer/la visión que se me apareció de un león./Parecía que venía contra mí con la cabeza en alto y con hambre rabiosa/de modo que pare-

Comedia aún hoy deja lugar a aclaraciones, la imaginería medieval lo conecta con las facultades impetuosas e impredecibles de la naturaleza humana: violencia, agresión, orgullo, pasiones impulsivas...

En resumen, el León es un candidato a representar los rasgos salvajes y toscos de la psique, aquellos a los que Jung llamó la «Sombra».

> Para Jung, la Sombra es un complejo de contenidos inaceptables para la conciencia, incompatibles con los ideales del Ego y con la imagen en la que el individuo se identifica. Metafóricamente hablando, es la otra cara de la moneda, la otra cara de la personalidad consciente: el doble oscuro del Ego.[5]

En perpetuo antagonismo con el Ego, la Sombra acoge los impulsos instintivos, los aspectos infantiles, los impulsos crudos que éste rechaza.

Es en la Sombra donde las funciones inéditas o poco diferenciadas permanecen inconscientes. En la Sombra «todo lo que el

---

cía como si el aire temblara a causa de eso», vv. 44-47, Canto I, *Divina Comedia* de Dante Alighieri.

5. Widmann C.: ibíd., pág. 221.

sujeto no reconoce y que, sin embargo, directa o indirectamente, lo persigue de manera incansable: por ejemplo, rasgos de carácter poco apreciables u otras tendencias incompatibles».[6]

El arcano de la Fuerza escenifica esta condición de irreconciliabilidad entre el Ego y la Sombra, escenifica la lucha del Ego contra la animalidad interna.

«No habéis sido hechos para vivir como brutos», escribió Dante, recordando que, para ser humano, cada individuo no puede limitarse a dar rienda suelta a sus propios instintos, sino que debe perseguir *virtute et canoscence*, es decir, alimentar su propio espíritu con una evolución cultural y un crecimiento emocional hacia sentimientos superiores.

La psicología de la Sombra enseña, en efecto, cómo ésta está compuesta esencialmente de potencial destructivo, cómo contiene potencias salvajes y antagónicas que sólo el desarrollo del Ego en su totalidad puede contener.

Escondido entre los pliegues de la imagen de la Dama del Tarot está la sugerencia de que las cualidades racionales de la psique de la voluntad, el poder y la capacidad de control no son suficientes para domar a la Sombra. Para superarla se necesita la fuerza

---

6. Jung C. G.: *Coscienza, inconscio e individuazione,* Bollati Borighieri, Turín, 2013.

débil de lo femenino, se necesita sentimiento, empatía, aceptación, perdón, atención interior, visión de conjunto.

Para vivir con la Sombra se necesita toda la conciencia.

No es casualidad que el arcano de la Fuerza presida el número once, un número doble que refuerza la idea de unidad, pero cuya reducción teosófica (11 = 1 + 1) da como resultado dos.

Dos es el número lunar por excelencia y es a la vez el arquetipo del conflicto y la conjunción.

A veces se dibuja una columna detrás de la conciencia femenina; garantiza la estabilidad de toda la construcción, especifica que el arcano de la Fuerza es un elemento de soporte de la estructura de la personalidad.

Sin embargo, si es cierto que la Sombra posee nuestro potencial destructivo, también es cierto que preside todo nuestro potencial de renovación.

En su estado constitutivo de oposición al Ego, la Sombra habla de la subversión del *statu quo*, proporciona la energía para cambiar lo comúnmente aceptado, abre el camino a saltos evolutivos.

En la historia de los reformadores espirituales esta verdad aparece evidente: Cristo fue llamado el León de Judá y Buda el León de Sakya. Estos hombres fueron capaces de hablar el lenguaje de la diversidad de una manera tan estructural que cambiaron el inconsciente colectivo para siempre.

Una leyenda medieval cuenta cómo la leona da a luz a cachorros muertos, éstos esperan tres días hasta que llega el Padre y les da vida: el León del inconsciente es, por tanto, también un agente de resurrección, un presagio de una subversión no violenta, da voz a los contenidos expulsados de la conciencia para lograr un plano que de otro modo sería imposible.

Sin embargo, es indiferente a lo que debe destruir. Así como Cristo expulsa a los mercaderes del templo afirmando una doctrina incompatible con lo «siempre aceptado», del mismo modo la Sombra siembra dolor incluso cuando prepara pasos de evolución.

La Dama de la Fuerza preside este secreto, sabe que sin incursiones en el inconsciente donde todo está contenido no hay salto, no es posible regenerar la psique.

¿Cuál es mi fuerza?
¿Qué quiero domar en mí?
¿Qué instintos inconscientes tengo aún por iluminar
para ser mi propio amo?
¿Cuáles son mis pasiones más auténticas?

- *Te enseñaré a vencer los impulsos, a dominar los instintos ciegos porque conmigo podrás conocer lo que hay en lo más profundo de ti: iluminaré los impulsos sublimes, revelaré los oscuros.*
- *Traigo la conciencia de ti a través de la dulzura, y en esta caricia de compasión reside el verdadero poder.*
- *Puedes volver a mí cuando quieras cambiar algo en tu vida, porque yo soy la Fuerza.*
- *Te daré la energía para ir más allá de los condicionamientos, pero debes saber que mi León es terrible, salvaje, feroz, su furia es ciega. No le importa lo que destruye a su paso, no conoce ninguna mediación, su ardor no permite negociaciones.*
- *Sólo los delicados dedos de mi sentimiento pueden dominarlo.*

XII

EL AHORCADO

En las raíces de Yggdrasill,[1] el fresno que sostiene la bóveda celeste sobre cuyas ramas descansan los nueve mundos, se encuentra la fuente de Mímir, situada en el mundo de los gigantes. Oculta sabiduría y perspicacia y quien bebe de ella se enriquece en conocimiento.

Un día Odín pidió beber un sorbo de esa fuente y obtuvo este privilegio al precio de un ojo que permanece vacío desde entonces.

Sin embargo, la sed del Dios no fue saciada. Aumentó tanto que Odín así tomó una decisión.

---

1. Yggdrasill ([ˈygˌdrasilː]), en la mitología nórdica, es el árbol cósmico, el árbol del mundo.

Se colgó boca abajo de la rama del gran fresno.

Allí permaneció colgado nueve días y nueve noches, azotado por las tormentas, sin ningún consuelo de comida ni agua, exhausto, hasta que empezó a oscilar entre la vida y la muerte.

Se quedó cadavérico, perdió el conocimiento, pero su mente investigó horizontes inexplorados de mundos inaccesibles.

Así descubrió las runas, letras del lenguaje sagrado, en las que se esconde el poder de la magia, el secreto de la curación, el don de la adivinación y todas las demás raíces de la sabiduría.

EL ARQUETIPO: SUSPENSIÓN E INVERSIÓN

El arcano del Ahorcado representa a un joven atado por un pie a un travesaño sostenido por postes, o a un árbol, y la pierna libre está doblada detrás de la otra en un intento realista de reducir el castigo, las manos están atadas detrás de la espalda o sostienen dos bolsas de monedas mientras el dinero cae al suelo.

Este último detalle es quizá un recordatorio evangélico de la figura de Judas o de la traición arquetípica (durante muchos siglos los traidores eran ejecutados en la horca), pero en términos más generales la carta del Ahorcado sólo recuerda vagamente una forma de castigo.

El rostro del chico está sereno, los pliegues de su boca recuerdan más al éxtasis que al tormento y el árbol-picota de la carta expande sus raíces en la tierra, así como su follaje en el cielo sin interrupción.

La figura de Odín es más paradigmática.

La tortura autoinducida por el Dios nórdico es la historia de una suspensión deseada, de una búsqueda consciente, de una alteración del estado de la conciencia, señal de que el Ego, la personalidad, también necesita apoyo para descubrir nuevos mundos, para adquirir nuevas verdades.

El arquetipo de la suspensión, así como la posición física del cuerpo elevado del suelo, es de hecho una situación metafórica: permanecemos en suspenso, nuestros expedientes burocráticos en el banco, en el tribunal, en una oficina pública están suspendidos…

Odín, sin embargo, ejemplifica la suspensión como un momento de consolidación personal.

La elección de retirarse de la relación con el mundo exterior es casi siempre la elección de un momento de reflexión necesario, de un estancamiento funcional de la vida, de alcanzar una dimensión interior que de otro modo sería inaccesible.

Los motivos pueden ser muchos, desde procesar una pérdida, hasta la necesidad de «hacer balance», pasando por elegir caminos de autoconocimiento que incluyan filosofías como la meditación o prácticas como la imaginación activa.

De manera más sencilla, acciones de la psique como suspender el juicio, diferir un momento de evaluación, sostener la espera de la confirmación, son facultades del Ahorcado que encarna un Ego consolidado.

El Triunfo estigmatiza momentos similares, especificando cabeza abajo que casi siempre implica una inversión, una inversión radical de un punto de vista, y esboza una renuncia a la racionalidad para abrirse al mundo de la intimidad.

> El misterio del Ahorcado no simboliza simplemente la capacidad de cambiar de opinión, de cambiar de opinión sobre las personas, de realizar cambios en los ideales y reformular las jerarquías de valores. Propone una estructura de la psique en la que el Ego no es el único agente de las elecciones de vida, describe situaciones en las que el ego renuncia a la lógica de lo consciente y se abre a la lógica de lo no consciente.[2]

---

2. Widmann C.; ibíd., pág. 242.

Por su naturaleza, sin embargo, la experiencia de suspensión debe ser una experiencia finita: la temporalidad es el criterio que distingue la reflexión de la estasis, de la impotencia, del bloqueo, de ese estado psíquico que Jung definió como estancamiento, como capaz de interrumpir cualquier forma de progresión y adaptación.

Ya sea por un minuto, una hora, un mes, un año, la inversión del Ahorcado debe servir para reformular las prioridades existenciales, desarrollar nuevas visiones, descubrir las propias Runas.

Como Odín entre las ramas de Yggdrasill, el Ego que accede a las dimensiones del inconsciente no se pierde de vista. Espera con las manos atadas lo que sucederá, y su espera no es impotencia, sino un viaje de conocimiento.

Lo terrible de la impotencia es, de hecho, el lado oscuro del contraste. No sólo en el sentido de no poder cambiar una situación que nos gustaría sino también en el sentido de ausencia de proactividad, de rechazo de nuevas visiones, de resistencia al cambio de valores y condiciones hacia los que nuestra psique nos empuja.

Quizá la conexión simbólica de la imagen del Ahorcado con los traidores de la historia nos indique que no escucharse a uno mismo constituye una traición a uno mismo.

El número doce que preside el arcano es símbolo de un nuevo horizonte, representa las relaciones y las infinitas combinaciones dentro de la totalidad: el budismo conoce doce causas de la existencia,[3] Kant doce funciones del intelecto humano, doce son los Apóstoles y los meses que completan el año.

El doce proviene de varias combinaciones (2 × 6; 3 + 9; 10 + 2), aunque la filosóficamente privilegiada es 3 × 4, en la que el 3 es el número de la trascendencia mientras que el 4 es el número de la materia.

Aquí, entonces, el Ahorcado conecta lo que trasciende la racionalidad (3) con la racionalidad misma (4), y da lugar a infinitas revelaciones.

La suspensión contada por el arcano se convierte así en una suspensión necesaria para el autoconocimiento.

El Triunfo parece descender a un lugar que no podemos ver, escondido más allá de los bordes de la carta. Su ambientación da lugar a una iniciación pasiva, atada a ramas y enrejados, que penetra en la esencia del Sí-mismo con una inversión de perspectiva.

El abandono de los procesos racionales como única fuente de identidad es más que funcional: es estructuralmente obligatorio.

---

3. Los doce Nidanas representados en el exterior de la Rueda del Devenir explican el motivo del nacimiento y la conexión de todos los fenómenos. Son la muerte, el nacimiento, la existencia previa, el apego, el deseo, la sensación, el contacto, los cinco órganos de los sentidos más la mente.

En este sentido, la suspensión y la inversión son procesos complementarios. En la suspensión alimentamos nuestro análisis interno, en la inversión damos vida a inversiones de certezas, inversiones de hábitos, aceptaciones y elaboraciones de la verdad.

La caída de monedas de las bolsas puede corresponder a una importante reformulación de las jerarquías de valores: de la afirmación a la integración, del individualismo a la compasión, de la dimensión personal a la transpersonal.

El arquetipo del cambio reside en la desestabilización del Ahorcado.

No revela qué conciencias subvertirá, pero en la imaginación literaria es casi imposible no recordar el viaje narrado en el último canto del Infierno de Dante.

Al llegar a Giudecca, Dante y Virgilio tienen una visión de Lucifer atormentando a Judas, Bruto y Casio, grandes traidores arquetípicos. Para continuar el viaje los dos se ven obligados a descender por el cuerpo del demonio (Infierno, Canto XXXIV, vv. 70-87) hasta el punto donde el monstruoso muslo se une a la pelvis, allí Virgilio gira y conduce al Poeta hacia una nueva luz, a través de una grieta en la roca.

Sólo entonces Dante mira hacia arriba y cree ver a la enorme criatura tal como la dejó, pero en cambio la ve boca abajo con la cabeza metida más allá del lago helado y con las piernas en el aire.

El Poeta y su mentor han recorrido el centro de la Tierra y del Sí-mismo; Dante ha llevado a cabo su propia inversión de valores, ha completado la conversión necesaria y, en la tenue luz del amanecer, está listo para dirigirse finalmente hacia la montaña sagrada del Purgatorio, hacia el reino de la esperanza.

XII

EL AHORCADO

¿Qué tengo que sacrificar en mí?
¿De qué debería tomarme un descanso?
¿En qué debería pensar?
¿Me tomo tiempo para mí?
¿A qué punto debo dirigir mi atención?

- *Soy la retirada del tiempo, soy la suspensión de la conciencia; conmigo podrás descubrir los lugares más misteriosos de ti mismo, viajar a universos desconocidos. Conmigo podrás descubrir lugares inaccesibles, nuevos caminos, nuevos sentidos.*
- *Me necesitas para curarte.*
- *Me necesitas para que, de vez en cuando, entiendas.*
- *Me necesitas para mutar.*
- *Evito que te conviertas en presa del frenesí vacío.*
- *En mi inversión está el cambio, pero también el peligro de la impotencia. Sólo la sabiduría que conquistes podrá desatar mis manos atadas.*
- *El riesgo es grande, es cierto, pero la recompensa es aún mayor. Así que no tengas miedo de recorrer mis caminos, si tu conciencia está activa sólo podrás sacar tesoros de ella.*

XIII

EL ARCANO SIN NOMBRE

En el estrecho, oscuro y largo pasillo de las prisiones de Castel Sant'Angelo se oyen pasos que señalan el acercamiento de los invitados a los condenados a punto de ser ejecutados.

Con un fuerte sonido de llaves, se abre la pesada puerta de la celda donde está encerrado el condenado a la hoguera: Giordano Bruno. Está allí, tumbado sobre un áspero colchón de paja, mientras sus ojos brillantes, firmes y serenos se iluminan de alegría y ternura al ver al huésped.

«¡Sagredo, mi joven amigo!», exclama el gran filósofo.

Los dos se abrazan. El guardián sale en silencio, cerrando tras él la puerta de la celda desnuda y húmeda.

«Estás en grave peligro, hijo. La Inquisición no siente ninguna simpatía por aquellos que sienten simpatía por los herejes».

«Maestro, no pude evitar venir a verlo». El joven apenas oculta la emoción de encontrarse frente al gran sabio, ahora próximo a la ejecución de la feroz sentencia.

«Ahora eres un hombre y tu valentía te recompensará de todos modos».

«Le pedí un permiso especial al cardenal Bellarmino. Demostró estar disponible... Quizá algo esté cambiando...».

«Sí, está cambiando», confirma Bruno, «también gracias a mi muerte: la historia de este mundo está marcada más por la muerte que por la vida. La muerte despierta miedo, ansiedad, interrogantes, más aún si es ilustre. Eso me tranquiliza, amigo mío, sé que estoy cumpliendo mi destino».

«Maestro, ¿pero no tienes miedo del fuego que quemará tu carne?».

«Sí, Sagredo, tengo miedo; mi cuerpo tiene miedo... pero sé que no moriré... cuando mi cuerpo físico muera, ahí estaré. Veré caer mi cuerpo, veré los rostros triunfantes, atónitos y consternados de mis perseguidores...».

A pesar de las palabras del maestro, el rostro del joven es triste y dice: «Si no te hubiera avisado... de la detención de tu hija y de tu amada, no habrías regresado a Venecia...», afirma, casi como si se lo reprochara a sí mismo.

«Habría vuelto de todos modos, tarde o temprano. Sí, su muerte fue una señal para mí...», dice Bruno con la mirada vuelta hacia el infinito. «Con qué ternura y voluptuosidad amé a aquella mujer... El amor, Sagredo, es la fuerza más grande de la Naturaleza... Es la vida, la fusión de los cuerpos de los amantes... Acercarse a ella era sentir la infinita dulzura del Hogar, del mundo verdadero, la dulce ternura que sólo una mujer inteligente y profunda puede dar y recibir... Cuánta ilusión, cuánta ignorancia... El hombre no es malo, Sagredo, simplemente es infeliz..., su pequeña mente es la causa de su infelicidad... Sí, sabía que se los habían llevado y también de su condena. La tuya fue sólo una triste confirmación. Cuando mi cuerpo arda, seré libre, Sagredo, libre para reunirme con ellos, abrazarlos... No te preocupes, amigo mío... Éste era nuestro destino, común a todos aquellos que buscan la verdad, desterrados de un mundo que se basa en la mentira. Llegará un día, Sagredo, en que el hombre despertará del olvido y comprenderá por fin quién es realmente y a quién ha entregado las riendas de su existencia, a una mente engañosa, mentirosa, que le hace y mantiene esclavo. El hombre no tiene límites y, cuando un día se dé cuenta de ello, será libre también aquí en este mundo».

Se gira y mira a su casi radiante alumno:

«La vida lo ha previsto desde tiempos inmemoriales...».

«Maestro, pero ¿por qué este cruel destino? ¿Quién podría querer todo esto?».

«Yo mismo, Sagredo, mucho antes de nacer en esta dimensión. La muerte ardiente del cuerpo físico es una purificación profunda, es el bautismo de fuego. Muchos de nosotros hemos elegido esta muerte, no sólo como ejemplo para una humanidad obtusa, mezquina y cruel, sino también para cumplir con la tarea que la vida nos ha asignado y que aceptamos de buen grado... por amor... Después de todo, aunque sea inconscientemente, la Iglesia cumple nuestra voluntad».[1]

EL ARQUETIPO: LA MUERTE DEL EGO

Si el Ahorcado nos habla de suspensión, el Arcano sin Nombre nos habla de destrucción.

Aunque la carta a menudo muestra sólo el número XIII, sin ninguna inscripción, se identifica con la misma frecuencia como la personificación de la Muerte. Su iconografía, de hecho, no deja lugar a dudas a pesar de la variedad de interpretaciones artísticas.

---

1. Giuliana Conforto: *La futura scienza di Giordano Bruno e la nascita dell'uomo,* Cesena, Macro Edizioni, 2001.

La mayoría de las figuras derivan de la imaginería cristiana del siglo XIV: un esqueleto porta una guadaña, arrollando a todo aquel que encuentra, con especial atención a la representación de los Reyes y de los poderosos puestos bajo su yugo, signo de su cualidad niveladora, indiferente a los éxitos sociales de la personalidad.

Sin embargo, la fuerza de Tánatos[2] es arquetípica. Así, la creatividad ha desarrollado las interpretaciones más dispares, abordando el tema con referencias a mitos, divinidades y leyendas, pero también a experiencias más personales y simbólicas de pérdida y dolor.

Que la Muerte es femenina en las cartas del tarot es algo indiscutible.

La forma de hoz de la iconografía clásica hace referencia al segmento de la Luna, ubicando su poder dentro de la constelación de la Gran Madre.

En la naturaleza existe, de hecho, una aniquilación intrínseca, irracional e imparable. La Madre Naturaleza reduce las plantas a

---

2. En la mitología griega Tánatos era la divinidad de la muerte, era hermano de Hypnos, dios del sueño, e hijo de Astrea, la noche. Tánatos rara vez fue representado como una persona, siempre fue concebido como una fuerza oculta e impalpable de la que nadie puede escapar.

tierra, los animales a cadáveres, los hombres a cadáveres, las civilizaciones a ruinas… En todos los niveles, la vida que ella genera se dirige a su propio fin.

Se trata, es cierto, de una conclusión funcional.

La aniquilación de la Gran Madre nunca es sinónimo de un fin definitivo: los bosques prosperan gracias a los procesos de descomposición, la evolución nos enseña lo que significa la extinción de las especies con el nacimiento de nuevas formas animales según un principio de adaptación progresiva, incluso el colapso de las civilizaciones o la decadencia de las ideas son procesos preparatorios de fases de renovación o evolución de los valores.

Es decir, la muerte tiene la característica de ser un evento parcial que no marca el final del proceso de la vida macrocósmica, sino que marca el final de la vida microcósmica. Podríamos decir que la muerte encuentra su terribilidad a nivel del individuo. La muerte es un asunto personal.

En este sentido se ha convertido en uno de los pensamientos fundacionales de la humanidad; creador de religiones y filosofías; la gente siempre ha tenido que lidiar con el deterioro progresivo del cuerpo.

La *pietas* (misericordia) hacia el difunto ha obligado a la civilización occidental, desde el mundo grecorromano, a enterrar o quemar el cadáver.

Los métodos, gestos, oraciones, acciones que acompañaban los rituales funerarios han manifestado, a lo largo de los siglos, el miedo o la sublimación hacia la muerte, la idea de individualidad y colectividad. Es decir, traducían al complejo contexto del ritual la relación que el hombre ha establecido no sólo con la muerte, sino también con aquellas preguntas que la propia muerte plantea y, en consecuencia, con las respuestas que las diversas culturas han formulado.

El Ego, además, se desarrolla y se conoce en simbiosis con el cuerpo.

Nuestra identidad está psíquicamente ligada a nuestra corporeidad, de modo que resulta complejo, incluso para quienes tienen una profunda vida espiritual, disociar el cuerpo de la existencia.

Lo que siempre nos ha angustiado no es sólo la pérdida de funciones vitales sino el terror al aniquilamiento del ego con sus recuerdos, pensamientos, acciones, conocimientos, afectos; lo aterrador es la disolución irreversible de nuestra individualidad.

De hecho, si tuviéramos la certeza matemática de que la desaparición del cuerpo físico no significa nuestra disolución, si conociéramos estructuralmente otro mundo donde la identidad pudiera preservarse inalterada, con toda probabilidad la muerte perdería gran parte de su poder perturbador.

Por esta razón el Arcano sin Nombre no tiene oportunamente nombre, porque la carta no simboliza tanto la desintegración de la corporeidad, sino más bien el cese de una identidad.

El nombre, como el cuerpo, es, de hecho, otro significante altamente identificativo.

Si no tienes un nombre no existes socialmente, no tienes posibilidad de distinguirte de los demás, careces de la capacidad de ser reconocido. El nombre tiene propiedades creativas, especifica la realidad, permite apropiarnos de los objetos, nos ordena a nosotros mismos y al mundo. No en vano, terribles persecuciones como la nazi o la comunista numeraron a los prisioneros, privándolos de la capacidad de autodenominarse.

El esqueleto de la carta nos invita entonces a rastrear más profundamente el camino ya iniciado en el Ahorcado. Sugiere que nuestra percepción de la identidad individual no sólo está vinculada al cuerpo del ego, sino que también tiene algo más profundo. La percepción de nuestra continuidad no reside en la personalidad, reside en el Sí-mismo, en el núcleo central de la totalidad de la conciencia.

> El arcano de la Muerte habla de un entramado alegórico, de una estructura esencial de la individualidad que permanece incluso cuando se desmiembra el *modus operandi* de la identidad consciente, y esto no ocurre sólo con la muerte física, ocurre cada

vez que el viaje individualizado reformula la estructura de la personalidad.[3]

Sucede a menudo, en los caminos de la vida, que una muerte metafórica separe pedazos de nosotros. La muerte es el arquetipo mismo del abandono, de hecho, de todos los abandonos.

Evolutivamente morimos en la transición del reino infantil a la adolescencia, por lo que volvemos a morir al entrar en la dimensión adulta.

Desde un punto de vista existencial, morimos cada vez que nuestro ego se desprende de un apego. Ya sea un amor, un trabajo, una amistad, un proyecto, un cambio de vida, una pérdida, una idea o salto interno, la experiencia del duelo es parte radical de la existencia.

El Arcano sin Nombre nos recuerda cómo es posible que el hombre experimente el desapego sin que el Sí-mismo pierda la identidad, de hecho, que desenredarse del Ego e identificarse con el Sí-mismo sea un camino de sabiduría hacia lo esencial.

La historia inicial de Giordano Bruno ejemplifica esto a la perfección. Ante el misterio de la Muerte, la identificación de la identidad con lo que posee el ego es una batalla perdida.

---

3. Widmann C.: ibíd., pág. 266.

Ciertamente el proceso de acercamiento a la muerte es articulado y complejo, no sólo cuando se trata de abordar el gran misterio del final de la vida, sino también cuando tenemos que afrontar las pequeñas muertes que implican un desapego de partes de nosotros que no podemos o no debemos retener.

Aprender a dejar ir «espontáneamente aquellas cosas que no pueden permanecer mucho tiempo con nosotros y dejarlas espiritualmente»[4] es una experiencia consciente de la persona madura, un trabajo, un don de sabiduría.

En muchas ocasiones esta experiencia se vuelve necesaria, presagio de nuevas energías que, de otra manera, no serían posibles. Saber perder lo que hay que perder es el lado numinoso del Arcano sin Nombre.

Según la tradición, el trece es un número que no tiene cabida en la percepción de la integridad: no existe en los relojes, ni en los calendarios ni siquiera en las vajillas. Si el doce cierra el ciclo de las relaciones múltiples, el trece abre otro, es el símbolo de todo lo que se renueva: el Arcano sin Nombre dirige el paso de lo superfluo a lo esencial, establece las fases de iniciación de la vida, trae el cambio a su máxima expresión.

---

4. Petrarca F.: *De Remediis utriusque fortuna,* ed. Italiana, 2005, pág. 611.

¿Qué debo dejar ir?
¿Qué partes de mí tengo que abandonar?
¿Qué vínculos debo cortar?
¿Cuál es mi ira más profunda que necesito transmutar?

- *¡Qué sabiduría hay en dejar ir lo que hay que dejar ir! ¡En abandonar lo que hay que abandonar!*
- *Bueno, eso te traeré.*
- *No tengas miedo de perderte a ti también. No resides allí, simplemente no lo ves.*
- *Te conduzco a lo que es verdaderamente esencial para ti. Ya conozco las energías que fluirán, veo los brotes que florecerán después de mi paso, sin embargo, ése no es mi trabajo.*
- *Mi trabajo está en la guadaña que nivela, está en la inevitabilidad de lo que no puedes ni debes retener.*
- *Así que no te resistas, porque si no todo será más agotador.*

XIV

LA TEMPLANZA

Tres días después, había una boda en Caná de Galilea y estaba allí la madre de Jesús.

Jesús y sus discípulos también fueron invitados a la boda.

Y cuando se acabó el vino, la madre de Jesús le dijo: «Ya no tienen vino».

Y Jesús respondió: «¿Qué tengo que hacer contigo, mujer? Mi hora aún no ha llegado».

La madre dice a las sirvientas: «Haced lo que él os diga».

Había allí seis tinajas de piedra para la purificación de los judíos, cada una de las cuales contenía dos o tres barriles.

Y Jesús les dijo: «Llenad las tinajas de agua», y ellas las llenaron hasta el borde.

Y les dijo: «Ahora sacad un poco y llevadla al dueño de la mesa». Y se la llevaron.

Y apenas hubo probado el agua convertida en vino, el señor de la mesa, que no sabía de dónde venía (pero sí lo sabían las criadas que habían sacado el agua), llamó al novio y le dijo: «Todos sirven primero el buen vino y, cuando están un poco borrachos, el menos bueno; tú, en cambio, has guardado el buen vino hasta ahora».

Así comenzó Jesús sus milagros en Caná de Galilea, manifestó su gloria y sus discípulos creyeron en él.[1]

EL ARQUETIPO: DOSIFICAR TU LIBIDO

La templanza es una de las cuatro virtudes cardinales de la doctrina católica,[2] identificable con la capacidad de controlar y mantener la satisfacción de los apetitos naturales dentro de los límites correctos.

---

1. Evangelio de Juan, capítulo II, vv. 1-11.
2. Las otras virtudes eminentemente humanas son la Prudencia, la Justicia y la Fortaleza.

Preside la gestión de la energía vital, lo que Jung llamó «libido», entendiéndose el término en su sentido más amplio, no refiriéndose exclusivamente al instinto sexual sino a todos los impulsos que conforman la naturaleza humana: poder, hambre, sed, sexualidad, odio, religión, etc.

La libido ciertamente vive en el ámbito de la necesidad, pero identificarla con ella sería limitante: es una fuerza constitutiva en continua transformación, pasa del inconsciente al consciente y viceversa, se alimenta de experiencias y las alimenta, conecta datos reales o racionales con datos imaginarios o irracionales. Transita de un mundo interno a otro por caída, por decantación; cambia de estado y tiende a un equilibrio general.

La templanza administra estas transformaciones. De hecho, atemperar significa dosificar y el sentido de la proporción es una cualidad individual. El hecho de verter nos enseña que estamos llamados al equilibrio entre el mundo exterior y mundo interior, entre los sentimientos y la realidad, entre el impulso hacia el futuro y la continuidad con el pasado, entre la afirmación de nuestra personalidad y la adaptación a la comunidad, entre la creatividad y el método, entre pasiones y razón.

En la iconografía más antigua de la carta, la sierva que vierte agua siguiendo las instrucciones de Jesús, figura de la imaginería medieval, se transforma en un ángel.

Apropiarse de las alas indica que la capacidad de templar es propia de las facultades superiores, presagio de un equilibrio que sólo un ego estructurado puede manifestar.

Si la Justicia sopesaba los pros y los contras para equilibrar los extremos, la Templanza nos explica cómo entre las fuerzas a las que debemos enfrentarnos no siempre hay una relación de oposición sino también un vínculo de polarización: los sentimientos, los impulsos, los hechos, las emociones no sólo tienden a excluirse entre sí, sino también a atraerse y activarse mutuamente. El trabajo de la templanza preside esta dimensión.

Facultades como el discernimiento, la aceptación, la gratitud, la síntesis de los opuestos son las celebraciones existenciales más evidentes.

Aquí, por tanto, la imagen de la mujer angelical vertiendo el agua adquiere un significado más claro.

Todo el misterio de la transformación de la vida se esconde en el gesto de verter y el agua es el arquetipo primordial de la energía vital: el universo se originó en aguas mitológicas, la vida nació en aguas marinas, el feto crece en las aguas del útero materno...

En el agua, el poder generativo se combina con el transformador: el agua posee el poder purificador de renovar, de lavar la suciedad, tanto en el sentido material como espiritual, como lo enseñan los bautismos y las abluciones comunes a las religiones de la

Tierra. Tiene la cualidad emoliente de calmar las heridas y finalmente tiene el poder agregante de amasar las harinas para darle vida al pan.

En su lado de Sombra, el agua también nos recuerda cómo la estasis de la energía vital es un presagio de dolor y, a la inversa, su explosión exorbitante es un poder que trae ruina, como la putrescencia de los estanques, como la destrucción de las inundaciones.

El agua es un elemento necesario y terrible, pero el misterio de la Templanza, en el mismo acto de verterla, nos presenta el motivo mitológico de las aguas superiores que, descendiendo del cielo, regeneran las aguas de la Tierra, evitando su estancamiento y evaporación.

En la imaginación humana las aguas inferiores son horizontales, quietas, disuelven lo muerto, las superiores son verticales, puras, fertilizan lo que de otro modo se corrompería inexorablemente.

Asimismo, en términos psicológicos, las aguas del río dibujadas en la carta simbolizan toda la inmensidad del inconsciente, regenerado por vivencias y experiencias, sin las cuales cualquier evolución sería imposible.

Las energías de la vida se vierten y se renuevan en vasos comunicantes.

El recipiente es, además, el arquetipo mismo de la contención; el cuerpo es el recipiente jarra del alma, el útero es un recipiente misterioso en el que se origina la vida biológica y la lista de recipientes mitológicos o simbólicos es inagotable: de Pandora[3] al Santo Grial,[4] del caldero de las brujas a las lámparas persas con sus genios.

En su función, el recipiente tranquiliza, nutre, calienta y permite la maduración. Es símbolo tanto de lo femenino elemental que contiene como de lo transformador que hace crecer, por lo que, por extensión, es un objeto capaz de contener tanto el consciente como el inconsciente, de apoyar el desarrollo de la esencia individual en su complejidad.

La posición de los recipientes en la carta (uno más alto que el otro) nos recuerda, sin embargo, que una diferencia metafórica de nivel es necesaria para la circulación de las energías.

La libido nunca fluye en perfecta simetría, necesita contraste; excluir todo conflicto conduce a la fosilización en patrones inmutables, listos para explotar y volcarse una vez que alcancen su saturación.

---

3. Hesíodo narra que una mujer llamada Pandora, habiendo recibido de Hermes el don de la curiosidad, no pudo resistirse a abrir la tinaja en la que Zeus había encerrado todos los males del mundo.

4. La copa con la que Jesús celebró la Última Cena.

La psicología junguiana llama a este mecanismo enantiodromía,[5] y revela cómo cuanto más se identifica una persona con un extremo, tanto más el lado opuesto, no escuchado, acabará saliendo del inconsciente para intentar restablecer el equilibrio.

Atemperar es, por tanto, más una cualidad de la psique que una virtud cardinal; las dosis subjetivas, el sentido de la proporción, el equilibrio entre originalidad individual y adaptación colectiva, la coherencia con uno mismo sin responder a la lógica de la conveniencia, responden a antinomias internas que fluyen con equilibrio, de fuerzas capaces de recordarse y desencadenarse mutuamente.

El arcano de la Templanza preside el número 14, que en la numerología esotérica es un número angélico. En la Cábala, el 14 se asocia con la letra *num*, letra *n* del alfabeto latino. Por su grafía de ascenso y descenso, la *n* está conectada al concepto de humildad y también a la capacidad de controlar las propias caídas, por lo que la Templanza se convierte en una virtud no sólo útil para vivir bien, sino también en un símbolo constitutivo de la construcción de identidad en los caminos de la vida.

---

5. El término acuñado por el filósofo griego Heráclito (Éfeso, 535-475 a. C.) significa «carrera hacia lo contrario».

Al mezclar las aguas, el arcano de la Templanza no las transforma en vino, sino en algo más valioso. Es el acto mismo de atemperar lo que nos permite afrontar las energías que pasan por la existencia de una manera «angelical».

¿Qué me protege?
¿Qué equilibrio debo encontrar dentro o fuera de mí?
¿Qué debo cuidar?
¿Qué radicalidades presentes en mí debo aprender a mezclar?

- *A través de mi mezcla informo tu equilibrio.*
- *Encuentras conmigo toda compensación de contrastes mientras me derramo continuamente para regenerarte.*
- *Te protejo de los impulsos destructivos, porque traigo el discernimiento, la aceptación, la gratitud, la proporción de los opuestos.*
- *De lo que está en conflicto, revelo la polarización.*
- *Soy la Señora de las Aguas, por eso conmigo podrás asegurarte de que no se estanquen, conmigo podrás prevenir las inundaciones.*
- *No temas lo que en ti está en lucha, acude a mí para atemperarlo.*
- *Es en el acto mismo del flujo armonioso de los líquidos donde encontrarás la coherencia.*
- *En la energía vital que asciende a la conciencia o desciende dentro de ti, tendrás mi bendición.*
- *En mí no hay lucha, sólo dosificación.*

XV

EL DIABLO

Entonces, nuestro héroe, levantando la vista de la mesa, vio a un mago sentado frente a él, manipulando sus alambiques y sus vasijas. «¿Quién eres? ¿Qué estás haciendo aquí?».

«Mira lo que estoy haciendo», dijo el mago, señalando un recipiente de vidrio sobre el fuego.

La mirada deslumbrada con la que nuestro comensal arrojó un Siete de Oros no dejó dudas sobre lo que había visto: el esplendor de todas las minas de Oriente abiertas ante él.

«¿Quieres mostrarme el secreto del oro?», le preguntó al charlatán.

«La siguiente carta era un Dos de Oros, signo de un intercambio», se podría pensar, «de una venta, de un trueque».

«¡Te lo vendo!», replicó el visitante desconocido.

«¿Qué quieres a cambio?».

La respuesta que todos esperábamos era: «¡El alma!», pero no estábamos seguros hasta que el narrador reveló la nueva carta (y se detuvo un momento antes de hacerlo, comenzando a disponer otra fila en sentido contrario). Esa carta era el Diablo, es decir, había reconocido en el charlatán al viejo príncipe de todas las mezclas y ambigüedades, del mismo modo que ahora reconocíamos al Doctor Fausto en nuestro compañero de cena.

«¡El alma!», respondió Mefistófeles: un concepto que no puede representarse de otra manera que con la figura de Psique, una joven que ilumina la oscuridad con su luz, tal como se contempla en el arcano La Estrella.

El Cinco de Copas entonces mostrado podría leerse tanto como el secreto alquímico que el Diablo reveló a Fausto como un brindis para concluir el pacto, o como las campanas que con su tañido pusieron en fuga al infernal visitante. Pero también podríamos entenderlo como una discusión sobre el alma y el cuerpo como recipiente del alma (una copa de las cinco estaba pintada torcida, como si estuviera vacía). «¿Alma?», podría haber respondido Nuestro Fausto. «¿Y si no tengo alma?».

Pero quizá no era por un alma individual por la que se molestaba Mefistófeles. «Con oro construirás una ciudad», le dijo a Fausto. «Es el alma de toda la ciudad lo que quiero a cambio».

«Trato hecho».

Y el Diablo pudo entonces desaparecer con una sonrisa que parecía un aullido: un viejo habitante de los campanarios, acostumbrado a contemplar las extensiones de los tejados, encaramado en una bajante, sabía que las ciudades tienen almas más sustanciales y duraderas, más duraderas que las de todos los habitantes juntos.

[...]

A las puertas de la Ciudad de Oro, guardias armados cerraban el paso a cualquiera que quisiera entrar, para impedir el acceso al Recaudador de Impuestos Forkyfoot, cualquiera que fuera la forma en que se presentara. Incluso si se acercaba una chica sencilla como la de la última carta (La Templanza), los guardias daban el alto.

«Cierras las puertas en vano», fue la respuesta que se podía esperar del aguador, «tengo cuidado de no entrar en una Ciudad que está enteramente hecha de metal compacto. Nosotros, habitantes del mundo fluido, visitamos sólo los elementos que fluyen y se mezclan».

¿Era ella una ninfa del agua? ¿Era ella una reina de los elfos del aire? ¿Un ángel de fuego líquido en el centro de la Tierra?

[...]

«¿Tienes miedo de que nuestras almas caigan en manos del diablo?», preguntaron los de la ciudad.

«No: de que no tienes almas para darle».[1]

EL ARQUETIPO: EL ELOGIO DE LA LOCURA

El término griego *daimon* indica una entidad sobrehumana que está a medio camino entre lo divino y el mundo terrestre, un intermediario entre las dos dimensiones que no tiene exclusivamente un significado negativo: «Hay algo dentro de mí que no sé qué es divino y qué es espíritu demoníaco», dice Sócrates en la Apología,[2] identificando a los demonios con la fuerza que se hace sentir a través de signos de inspiración como parte inseparable de su alma.

La palabra *Diaballo*, sin embargo, nos habla de separación, el término significa partir en dos, por lo que el Diablo se convierte en el elemento imaginario que preside el otro lado, el arquetipo de quien separó la unidad original, pero también la personificación

1. Italo Calvino, *Il castello dei destini incrociati,* Einaudi, Turín, 1973, pp. 15-18.

2. La *Apología de Sócrates* es un texto escrito por Platón entre el 399 y el 388 a. C. La obra sigue siendo la principal fuente sobre el juicio que condujo a la condena del padre de la filosofía.

de aquello que es lo contrario, aquello que cae desde la luz de la conciencia eterna a las profundidades de la Tierra, aquello que desintegra el orden establecido.

Fuerte y separativo, en términos teológicos cada cultura ha identificado al Diablo con un poder que expresa el lado imparable de las pulsiones: sexualidad desenfrenada, destructividad, violencia, mentira, crueldad, en infinitas combinaciones de diferentes naturalezas que han representado el caos, el antagonismo (Satanás significa, de hecho, antagonista, de la raíz hebrea *stn* (oponerse) a la antorcha del orden, de lo eterno, de la unidad amorosa.

Lo aterrador es indistintamente masculino, femenino, teriomórfico, asexual: Apep es la serpiente cruel de los egipcios, las Erinias[3] son mujeres aladas con la boca abierta emitiendo gritos terribles, la diosa india Mahakali[4] sentada sobre montones de cadáveres, Caronte atormenta a los condenados con llamas. A nuestros ojos,[5] las máscaras Oni[6] en Japón nos hablan de crueldad y horror.

---

3. Alectus, Megera y Tisífone personifican la furia y la venganza. Generalmente se las representa con cabellos de serpiente, portando armas y tizones ardientes, en el acto de torturar.

4. Deidad hindú de la destrucción.

5. Psicopompo, en el inframundo de la religión griega, es colocado por Dante para proteger el infierno.

6. Criaturas demoníacas del folclore japonés populares en el teatro y el arte.

En el tarot, la decimoquinta carta encarna a la Sombra[7] en su carácter primitivo, encarna lo contrario de la conciencia, encarna el receptáculo de todos los contenidos y procesos rechazados tanto en el sentido personal como colectivo.

Pero, en Jung, tanto la psique humana como la colectiva son totalidades conscientes e inconscientes al mismo tiempo.

La Sombra es una diferenciación inevitable. Es preparatorio para definir la personalidad del individuo, así como para dar sustancia a la ética de la civilización. Un supuesto sin el cual el problema moral no existiría, el camino individual no sería posible y el concepto mismo de responsabilidad desaparecería.

En el imaginario cristiano, la iconografía del Diablo ha adquirido características antropomórficas: un hombre o un ser andrógino dotado de alas, cuernos y pezuñas en las que confluyen elementos masculinos y femeninos, humanos y animales; una revisitación del dios griego Pan, una deidad salvaje, mitad hombre y mitad cabra, poderosa y aterradora, dotada de un apetito sexual desmedido

---

7. Toda la obra de Jung está impregnada del concepto de *Sombra.* Inicialmente coincidía casi exclusivamente con el inconsciente personal, pero el psicoanalista fue ampliando progresivamente el tema, convirtiéndolo en uno de los más complejos y centrales de su obra.

y de instinto animal que habitaba los bosques, que pastoreaba rebaños y seducía a ninfas.

El Diablo retoma sus características principales: una bestia humanoide, masculina y femenina, elementos animales y antropomórficos a menudo se fusionan en el tema de la carta. A veces aparece una segunda cara en el cuerpo de la figura. Los rostros colocados en el vientre, en el trasero, en las rodillas, simbolizan en términos psicológicos cómo el complejo psíquico opuesto a la conciencia de la psicología junguiana se sitúa en las regiones inferiores, en las profundidades de la personalidad.

Las grandes alas cuentan cómo la Sombra recurre directamente a la vitalidad de las pulsiones, cómo su fuerza animal está unida a una energía superior, cómo «los contenidos no bien diferenciados, las funciones internas y el inconsciente en general contienen un potencial evolutivo que va más allá de la esfera de acción del Ego».[8]

Los cuernos de la cabra dan testimonio de su fuerza, califican su virilidad, su ardor penetrante, su instinto primordial.

La práctica judía del chivo expiatorio consistía en llevar dos machos cabríos al templo, una elección aleatoria definía cuál de los dos sería sacrificado a YHWH mientras que el otro era sim-

---

8. Widmann C.: ibíd., pág. 307.

bólicamente cargado con todos los pecados del pueblo, llevado a las regiones externas y abandonado en el reino del demonio hitita Azazel. A través del cuerpo de la cabra se alejaba de la comunidad el mundo de los instintos, a través del ritual se sacaba a la luz la Sombra colectiva.

Sacar a la luz significa revelar la Sombra, evitando de manera consciente que domine absolutamente la existencia.

Los dos acólitos que aparecen encadenados a los pies del demonio en algunas versiones del arcano nos recuerdan, de hecho, lo que sucede si una fuerza impulsora se apodera de todo nuestro ser; es la unilateralidad de la posesión, su autonomía respecto del vivir: es la rigidez del perfeccionista, el narcisismo del exhibicionista, la delgadez del anoréxico, la compulsividad del ludópata...

Cuando permitimos que una fuerza desatada por el Diablo sea unilateral, se vuelve coercitiva como las cadenas que atan a los diablillos y conduce a una existencia unidimensional, en la que es imposible ser otra cosa, en la que incluso el discernimiento entre el bien y el mal está sometido al impulso que se ha apoderado de él.

Pero, en su deambular festivo, Pan/Diablo es también un dios despreocupado, creativo, que preserva la relación con la inmediatez del placer, que preserva los espacios de una naturalidad no mediada por la razón.

Si Pan muere, con él muere también la capacidad de disfrutar de los placeres de la naturaleza, de gozar de la sexualidad, de saborear los placeres de las relaciones y el disfrute de los sentidos.

Si el Diablo desaparece, la fuerza del impulso desaparece, la intuición de la creatividad desaparece.

Innumerables pasajes de nuestra vida se materializan debido a la intervención del Diablo.

Intolerante a las convenciones, indiferente a las conveniencias, es un *daimon* que puede impulsar una decisión, inspirar una intuición fuera de los patrones conocidos, bendecir una batalla que creemos correcta; sus cuernos alimentan el poder guerrero, sus alas nutren el vigor espiritual que mantiene la conciencia en contacto con el mundo dentro de nosotros.

En su dimensión oscura, el Diablo tiene un aspecto numinoso: el lado que encarna no es un fracaso de la perfección del individuo, sino que es parte de su totalidad.

Así, el tarot nos enseña que el problema nunca es eliminar al Diablo.

Derogar contenidos que no pueden conciliarse con la conciencia es imposible, además de privativo y miserable.

Ciertamente no es la racionalidad pura la que identifica una identidad humana sino ese complejo psíquico que los griegos habrían identificado con la locura de los *daimons*, que reside en el mundo interior que nos constituye, el que razona por analogías, intuiciones, sentimientos, emociones no por leyes de causa y efecto o principio de no contradicción.

La principal forma de tratar con el *daimon* es, en cambio, reconocerlo; con la luz de la antorcha que porta el Diablo estamos llamados a familiarizarnos con él, es una luz que sirve para distinguir lo brillante de lo oscuro.

En el tarot, el Diablo preside el número quince que corresponde a la decimoquinta letra del alfabeto hebreo *Samek*. *Samek* significa «apoyar», como si ya tuviéramos dentro de nosotros la fuerza para apoyar lo que él inspira y, de hecho, cuanto más individuos conscientes nos volvemos, más conscientes somos no sólo de nuestras cualidades sino también de nuestros impulsos.

El verdadero peligro no reside, por tanto, en su existencia, sino en evitar ese trabajo, en el riesgo de que éste se imponga a nuestra conciencia gestionando nuestra vida como si fuera la de los habitantes de la Ciudad de Oro de Calvino:

> «¿Tienes miedo de que nuestras almas caigan en manos del diablo?», le preguntaron los de la ciudad.
>
> «No: de que no tienes almas para darle».

XV

El Diablo

¿Cuáles son mis tentaciones?

¿Hay pensamientos que me oprimen?

¿Qué pulsiones tengo a mi disposición?

¿Cómo uso mi creatividad?

- *Depende de ti discernir lo brillante de lo oscuro, porque traigo el don de superar toda regla.*
- *Soy el sátiro que persigue a las ninfas, el señor que domina al pueblo.*
- *Con mi fuerza podéis destruir todo dogma, transgredir toda ley.*
- *En mí reside la inspiración para la creatividad, la intuición de una nueva ciencia, el inicio de una nueva poesía.*
- *El vigor de mi falo da vida a cada placer. Sin mí no tendrás ningún disfrute.*
- *Sólo soy domado si me reconocen, por eso me escondo, pero mírame y estaré en tus manos, tú podrás decidir qué hacer conmigo.*

XVI

LA TORRE

1 Toda la Tierra tenía un solo idioma y las mismas palabras. 2 Los
hombres que emigraron de Oriente llegaron a una llanura en la
tierra de Sinar y se establecieron allí. 3 Se dijeron unos a otros:
Venid, hagamos ladrillos y cozámoslos al fuego. El ladrillo les sir-
vió de piedra y el betún de cemento. 4 Entonces dijeron: Venid,
edifiquémonos una ciudad y una torre cuya cúspide llegue al
cielo, y hagámonos un nombre para no ser esparcidos por la Tie-
rra. 5 Pero el Señor descendió para ver la ciudad y la torre que es-
taban construyendo los hombres. 6 El Señor dijo: He aquí, son un
solo pueblo, y todos tienen una misma lengua; éste es el comienzo
de su trabajo y ahora lo que planean hacer no les será imposible.
7 Descendamos, pues, y confundamos su lengua, de modo que ya
no entiendan la lengua de los demás. 8 El Señor los dispersó desde

allí por toda la Tierra, y dejaron de construir la ciudad. 9 Por eso fue llamada Babel, porque allí el Señor confundió la lengua de toda la Tierra, y desde allí el Señor los esparció por toda la Tierra.[1]

EL ARQUETIPO: EL EGO

La imagen de la Torre materializa nuestra tendencia a la elevación tanto personal como social.

Su invención es muy antigua, desde los menhires[2] hasta las fortificaciones romanas, desde los castillos medievales hasta las Torres Gemelas, no hay civilización que no haya elevado las estructuras al cielo como símbolo absoluto de identidad y comunicación además de sistema de protección.

Al igual que el Ego humano, la Torre se desarrolla con las funciones de estructura defensiva, de prisión masiva que encarcela al enemigo (la Sombra), de puesto de vigía que asegura la vigilancia, de signo de valor social, de señalización en función de un campanario o un faro.

---

1. La Sagrada Biblia, Genesis 11, vv. 1-9.
2. Megalitos erigidos en el Neolítico distribuidos en Europa, Asia, África, pero especialmente presentes en las islas de Bretaña.

Su verticalidad es sinónimo de superioridad, su altura de afirmación, su centralidad planimétrica de identificación colectiva.

El paralelo con el ego es tan simple como complejas sus consecuencias.

La figura de Nemroth que levanta la Torre de Babel es representativa de la ilusión humana de creer que el Ego es la estructura absoluta de la personalidad, de colocar las funciones racionales como único sujeto del vivir, de dar la parte de nosotros como supremacía sobre el mundo responsable ante todo de dominarnos a nosotros mismos.

Los antiguos griegos llamaban a esto *hybris*, palabra que puede traducirse como «orgullo», «arrogancia», «soberbia» pero que en realidad contiene el concepto de «realizar una acción encaminada a humillar» describiendo proyectivamente los complejos de poder en los que puede incurrir el Ego.

El Ego se mueve más ciegamente de lo que parece.

Se aferra con vigor a la autoafirmación incluso cuando sería necesario superar ciertas actitudes, depende más de lo que debería de la aprobación externa, puede evitar las razones del Sí-mismo incluso cuando éste le advierte de una catástrofe inminente.

Así, la Torre del Tarot se vuelve emblemática. Si bien es uno de los arcanos que mayor número de interpretaciones creativas ha sufrido a lo largo del tiempo, la forma más conocida es la de una

Torre dañada por un rayo en el lado derecho de la que caen betilos[3] y figuras humanas.

Si el Diablo nos enseña que la posesión es una pasión unilateral, la Torre nos muestra que es posible ser poseído incluso por compulsiones mentales. Un individuo que sólo puede ser racional, eficiente, dominante, egoísta es un individuo que autocelebra un narcisismo destinado a consecuencias desastrosas.

El rayo que cae en lo alto de la Torre es un fuego celestial. No podemos ver su origen, pero sabemos que es un medio de castigo o de clemencia según la intención del dios de quien se arroja.

El rayo es, de hecho, un componente arquetípico de la divinidad: es el atributo del Júpiter romano y del Thor escandinavo, Yahvé aparece con rasgos de fuego amenazando utilizarlo como signo de su ira, el Espíritu Santo desciende sobre los apóstoles en la forma de una llama…

Durante la vida, de la misma manera que un rayo cae sobre las paredes de la Torre, fuerzas internas o externas pueden irrumpir de la nada en la psique; pueden imponer destellos que desplazan al Ego: es el enamoramiento del hombre maduro de la niña, es la enfermedad que impone un cambio brusco de hábitos, pero

3. Nombre que se les da a las piedras sagradas en Oriente Medio.

son también el destello de una genialidad o de una intuición repentina.

Las historias arquetípicas en las que se derriban las defensas de la Torre hablan de fracasos y derrotas, pero también de revoluciones, del fin de la civilización, del comienzo de nuevas eras: es la gran Troya que cae por la astucia de Ulises, el asalto a la Bastilla en el París de la revolución, Minas Morgul[4] desmoronándose junto con la destrucción del anillo único.

El orgullo de quienes se creían impenetrables ha caído, el inconsciente con su naturaleza arcaica se ha movido sin medida y sin ley.

Los relámpagos de la Torre cuestionan, imponen una revisión, llaman a la resiliencia.

En los betilos que llueven del cielo está todo el tema de los contenidos, de los reveses que de diversas maneras pueden afectar a la personalidad; en cambio, en las figuras humanas está el tema del significado de la caída.

Cuando los derrumbes de la Torre golpean al Ego, sus habitantes son llamados a interrogarse sobre el significado existencial de la ruina momentánea, del repentino cambio de dirección.

---

4. Minas Morgul es la ciudad fortificada de *El señor de los anillos* de Tolkien, hogar del Señor Oscuro.

Una de las figuras es casi siempre regia, provista de una corona, metáfora de quienes son capaces de mantener su conciencia, de sostenerse a sí mismos incluso cuando sus ambiciones son reducidas.

En general, en efecto, no es desesperación lo que encontramos dibujado en los rostros de los personajes, casi como si intuitivamente reconocieran en la caída una tarea: la de mantenerlos en contacto con las partes más humanas y profundas de sí mismos, de impedir una explosión narcisista.

El Ego está llamado a ejercer funciones de conciencia incluso cuando tiene que reconocer metas perdidas y afrontar pérdidas, o cuando un impulso de sentimiento personal derriba las estructuras de comodidad en las que está atrincherado.

En algunos arcanos uno de los dos hombres forma con sus piernas la letra *hain*, la decimosexta letra del alfabeto hebreo.

Hain tiene un valor gemátrico[5] de setenta, el número bíblico de la multiplicidad y la vejez. Simboliza cómo la Torre no sólo preside las partes más maduras de la existencia, aquellas en las que el ego está más formado y por tanto tiene más dificultad para implementar cambios, sino también todas las múltiples experiencias concluyentes de la vida.

---

5. La Gematría es una ciencia teológica del judaísmo que asigna valores numéricos a las palabras en el idioma hebreo.

Para el arcano de la Torre, tales experiencias deben conservarse como una herramienta de discernimiento, no como una palabra definitiva, no como una coartada para un retiro solitario.

Las figuras que caen de los muros no son fracasos, no son hombres y mujeres derrotados por la existencia, simplemente se alejan de lo viejo, de las cosas que ya pasaron de moda.

Los coloridos personajes de la Torre están adquiriendo una nueva visión de sí mismos. Se están lanzando a la vida.

¿A quién o a qué cosa vieja estoy abandonando
o debería finalmente abandonar?
¿En qué necesito encontrar flexibilidad?
¿Qué energías necesito liberar?
¿Qué conciencia tengo de mi lado narcisista?

- *Soy la sede de toda defensa, la sólida prisión que encarcela al enemigo.*
- *Soy el puesto de vigía que asegura la vigilancia, soy el faro que advierte.*
- *Estable, me encaro hacia el cielo porque mereces alcanzar cada meta.*
- *Mi peligro no está en las alturas, sino en la arrogancia que se arrastra al alcanzarlas.*
- *Entonces, si un rayo divino decide caer sobre ti, ten cuidado, para que la caída nunca se convierta en una excusa para el retiro, en un sentimiento de fracaso, sino en una oportunidad explosiva para lanzarte a nuevas energías.*

XVII

LAS ESTRELLAS

Nacidas de Atlas en el origen de los tiempos, las Pléyades eran hermosas vírgenes que vagaban junto con Artemisa por los bosques primordiales, a veces adoptando la apariencia de palomas. Delicadas y ligeras, seguían a la Diosa de la Caza en sus infinitas andanzas, hasta que el peligro cayó sobre ellas.

Orión, un gigante despiadado, decidió poseerlas. La leyenda cuenta que era un terrible cazador, capaz de matar a cualquier bestia. Incontenible y descarado, nunca dejaría de demostrar su deseo de dominar a sus atractivas hermanas.

Según Píndaro, las Pléyades huyeron durante cinco años por los campos de Beocia ante la codicia del cazador, hasta que los dioses, compadecidos, decidieron transformarlas en estrellas, inmortalizando su imagen en el firmamento.

Orión fue castigado por la propia Artemisa, quien envió contra él a un escorpión venenoso, provocándole la muerte.

Transformado también en constelación, a partir de entonces está condenado a perseguir a las Pléyades en el cielo sin poder alcanzarlas nunca.

EL ARQUETIPO: EL LUGAR EN EL MUNDO

El arcano de las Estrellas es el primero de una serie astral; de hecho, le seguirán la Luna y el Sol, y de los tres es el de menor brillo.

El arquetipo de las Estrellas representa un mundo de conciencia muy diferente de la iluminación repentina de la Torre, ofrece una visión amplia, define un ritmo lento, una maduración progresiva, plagada de pistas, símbolos, conexiones, imágenes.

Casi inmutable, el cielo estrellado siempre ha inspirado a la naturaleza humana la sensación de inmensidad, la extensión de la atemporalidad, la percepción del infinito.

A través de la astrología, las Estrellas fueron intérpretes del destino, empujando a los hombres a leer las energías que trazarían el itinerario de las vidas. A través de su ubicación cósmica eran el principal sistema de orientación de agricultores, marineros, viajeros, y a través de su función simbólica señalaron el éxito de la individualidad (pensemos en las estrellas de los generales, las estrellas de cine e incluso la clasificación de los restaurantes).

Su lenguaje hablaba más del cumplimiento del destino que de racionalidad o materia, es un arquetipo que pertenece más a la descripción del Sí-mismo que al mundo del Ego.

En el tarot, la iconografía de las Estrellas ha dado lugar a múltiples representaciones: cometas, cielos circulares, constelaciones del zodíaco… Sin embargo, en su estructura clásica, la carta nos habla de una joven ninfa, quizá una náyade,[1] que, arrodillada en la orilla de un río, vierte agua de dos jarrones.

«La figura femenina que destaca en el arcano de las Estrellas es la más alta de las figuras intermediarias entre el Sí-mismo y el Ego»,[2] especifica Widmann, pero esta afirmación requiere una premisa.

Jung afirma que en la base de la realización humana hay un principio que él llama principio de individuación. El objetivo de todo hombre es «convertirse en lo que es», parafraseando a Nietzsche: un individuo específico, distinto de los demás, pero que, sin embargo, es de la misma naturaleza que los demás.

---

1. En la mitología griega es una ninfa del agua, portadora de fertilidad y descanso.
2. Widmann C.: ibíd., pág. 340.

Todo el psicoanálisis del médico suizo tiene como objetivo analizar y determinar las formas a través de las cuales es posible desarrollar esta conciencia individual. Finalmente, llegó a definir cómo la realización plena se produce cuando la personalidad, el Ego, se articula sobre las funciones del Sí-mismo, cuando éste ya no se opone ni se somete al mundo interior, sino que se siente parte de él, en un sistema donde lo consciente y lo inconsciente son tan pertinentes como «la Tierra gira alrededor del Sol».

Así, la Estrella Náyade es una dama que conecta las aguas interiores y exteriores. Con su naturaleza femenina gestiona los flujos de la libido, vierte el mundo colectivo en el individual, distribuye sabiamente las energías.

Se la dibuja desnuda porque ya está libre de toda superestructura personal y social. Ella no templa las aguas como el Ángel de la Templanza en busca de su justa dosis, sino que las vierte sobre la tierra y el río, conectando los elementos naturales con el mundo individual.

Situada en la atemporalidad del cielo estrellado, la Señora de las Estrellas está al mismo tiempo arraigada en la materia: riega lo seco, suaviza lo duro, vive en armonía y equilibrio universal.

Detrás de ella, el firmamento suele estar representado a través de las siete Pléyades, o a través de cometas con funciones de orientación, símbolo de cómo en las encrucijadas de la existencia o en los momentos difíciles, la referencia más fiable proviene de la adhesión al propio proyecto interior, de la observación del propio mundo general de las constelaciones. El estímulo para la reorganización de la vida surge de la escucha de uno mismo incluso más que del razonamiento racional.

Los Astros creen que el inconsciente puede producir conocimiento, puede perseguir objetivos concretos, pero también creen que no lo hace a través de iluminaciones repentinas, sino siguiendo la sugerencia de luces suaves, de pistas que se cruzan, de huellas que identifican.

A veces, la carta muestra la imagen de Sirio, una brillante estrella de la mañana que precede al nacimiento del día, para subrayar cómo las estrellas también presagian un renacimiento continuo. Otras veces nos ofrece la Estrella Polar, reiterando la funcionalidad indicativa de los astros, su capacidad para organizar el espacio y, por extensión, la psique humana.

El Sí-mismo es, de hecho, capaz de dar sentido y coherencia a lo que el Ego encuentra sin sentido, por eso a las siete Pléyades, en muchas barajas, se añaden puntos luminosos a la cabeza de la Ninfa, estrella misma, figura de intermediación entre el Sí-mismo y el Ego.

En un mayor paralelo con la psicología junguiana, podríamos definir la Náyade como una personificación del Alma.

Anima y *Animus* son conceptos clave en Jung. El *Animus* contiene las cualidades masculinas que residen inconscientemente en la psique de la mujer, mientras que el *Anima* representa el inconsciente femenino, la sensibilidad del hombre, aunque ambos trascienden la psique personal, teniendo sus raíces en el inconsciente colectivo.

Si el Diablo de las Sombras interpreta la imagen teriomórfica de las pulsiones, *Animus* y *Anima* esbozan la imagen antropomórfica de las referencias internas, los modelos arquetípicos de lo intrínseco femenino y masculino.

El *Anima* del arcano vive entre la Tierra y las aguas, de acuerdo con su naturaleza individual. Es una sacerdotisa de la plenitud.

En la carta están representadas todas las partes; el plano inferior de la Tierra-materia sobre el que descansan las rodillas de la mujer, el agua de las energías y el mundo emocional, la infinidad del cosmos y la relación con él.

La conciencia de las Estrellas es una conciencia capaz de autotrascendencia sin necesidad de excluirse del mundo natural y humano, posee una visión universal: sabe conectar los puntos en el cielo y de este modo crea constelaciones y le da un nombre.

El arcano de las Estrellas ha encontrado su lugar en el mundo, ha completado su proceso de identificación, es capaz de hacer fluir sus aguas junto con las de la vida y el cosmos.

La decimoséptima letra del alfabeto hebreo corresponde a *phe* que, por su forma, se asimila a la boca abierta y, por extensión, al habla y a la capacidad de expresión.

Expresar lo mejor de uno mismo es, en efecto, propio de un alma realizada, capaz de saber elegir cuándo hablar y cuándo permanecer en silencio, carismática, libre, adherida a la propia constelación individual.

El valor gemátrico de 17 es 80, que en la Biblia simboliza la plena madurez, la plenitud.

Al presidir este número, el arcano de las Estrellas reitera su mensaje: «Me he convertido en lo que soy».

¿Cuál es mi visión general?

¿Qué debo escuchar en mí?

¿Cuáles son mis esperanzas?

¿Cuál es mi lugar?

¿Cómo administro mi energía?

- *Soy el alma que ha encontrado su realización, las energías fluyen en mí y el firmamento es mi orientación constante.*
- *No puedo perderme, siempre sé dónde estoy, porque todo en mí tiene su lugar.*
- *Todos los obstáculos ya han sido superados, todos los desacuerdos ya están resueltos.*
- *Ya no necesito búsquedas frenéticas porque fluyo con el cielo y es el cielo el que fluye en mí.*
- *En mi misterio todo está presente: soy lo que soy.*

XVIII

LA LUNA

Las leyendas sobre Endimión son contradictorias según el poeta que narra el mito. Algunas fuentes dicen que era un pastor de la tribu de los eolios, mientras que otras dicen que era un joven príncipe de Elis.

Sin embargo, lo cierto es que su belleza era maravillosa, y la perfección de su cuerpo sublime, tanto es así que Selene, la Luna, una noche, al verlo durmiendo en una cueva del monte Latmos, se enamoró perdidamente de él.

Todas las noches, la diosa, después de haber dejado su carro tirado por caballos blancos, regresaba a la cueva para admirar la perfección del rostro del príncipe pastor, y lo acariciaba y besaba, sin perturbar jamás su sueño.

Zeus se percató del amor ilícito y propuso que el joven eligiera si tener una vida mortal sin el amor de la Luna o seguir abandonándose en los brazos de su amante celestial, cayendo en un sueño que lo haría eternamente joven.

Endimión eligió la inmortalidad y, desde entonces, ha descansado en la cueva donde la Luna lo visita todas las noches.

Según otra versión, fue la propia Selene quien rogó al padre de los dioses que le concediera a su amado el don de la eterna juventud, incapaz de soportar que su amor pudiera morir. El benevolente Zeus satisfizo a la Luna y permitió que el joven durmiera con los ojos abiertos, para que pudiera ver la apariencia de su amada durante toda la eternidad.

EL ARQUETIPO: LA CONCIENCIA LUNAR

La carta de las Estrellas celebró la individualidad plena a través de la representación del mundo sideral, ahora, con los demás astros, el tarot nos ofrece un camino diferente. Lo que concierne a la Luna es casi indefinible con palabras, casi misterioso.

La conciencia lunar está llena de inteligencia emocional, muy difícil de describir con el lenguaje de nuestro horizonte cultural que exalta la conciencia lógica casi como la única forma existente.

La Luna, de hecho, no es un arquetipo, es el arquetipo de los arquetipos, el simbolismo que la acompaña es vasto. En esencia es una estrella que pertenece tanto al mundo nocturno y oculto del inconsciente como al mundo brillante y claro del consciente.

Nacida de Perseo y Astaria, dos Titanes que representaban el Cielo y la Luminosidad, en griego antiguo la Luna era llamada *men*, raíz de la palabra *mensis*, el mes lunar, unidad primitiva de medida del tiempo, así como de *mestruum*, las reglas femeninas, o incluso del verbo *menoian* que significa «mediar», una conexión arquetípica entre el día y la noche.

Pero *men* es una raíz que también encontramos en la palabra *mentiri*, porque la estrella es discontinua y conoce la mentira; en *manteia*, «adivinación», porque la Luna es la patrona de las brujas y adivinos, y finalmente en la *manía*, ya que preside la mutabilidad del carácter de modo que la persona extrañamente lunática todavía hoy se define como de mal humor.

Ni oscura ni clara, su forma y brillo oscilan alternando Luna llena y Luna nueva; debajo se extiende el mundo empírico de los hombres que, según la mitología, se nutre de un rocío que da vida.[1] Señora de las aguas, es también señora de los estados de ánimo humanos.

---

1. Ersa, el rocío, es hija de Zeus y Selene, la Luna llena.

No es casualidad que la imaginación mítica atribuyera el poder sobre la Luna a diversas divinidades: en Hécate,[2] la diosa bruja, se condensaba la expresión de su oscuridad, cuando desaparece del cielo para guiar las almas de los difuntos, en la virginidad de Artemisa,[3] en cambio, la de su luz.

Hermana de Apolo, dios del Sol, la Luna nueva de Artemisa regulaba el rompimiento de las aguas en los partos, alimentaba la vida en los estanques, presidía las mareas; su arco de cazadora era un signo del clavo y la jauría de sus perros vinculaba los aullidos al motivo lunar.

La imaginería del tarot recorre todas las especificidades de la Luna, animando la carta con animales como los lobos, que expresan su combatividad y su instinto inconsciente, pero también con crustáceos que, según la tradición medieval, la estrella alimenta cada noche empujándolos a salir de su escondite diurno.

---

2. Hécate es una divinidad representada en triple forma: celeste, terrestre y marina. Gobernaba sobre la noche, la Luna, los muertos y la brujería. Su naturaleza es bisexual ya que posee tanto el principio femenino como el masculino, por lo que se le atribuye el poder vital sobre los elementos.

3. Diosa de la caza y de los animales salvajes, Artemisa era la hermana gemela de Apolo. Era identificada como la personificación de la Luna creciente junto con Selene, quien, en cambio, representaba la Luna llena. Era una diosa virgen que, armada con flechas y un arco dorado, vivía en el bosque con sus fieles perros.

El motivo simbólico del cangrejo lunar no sólo expresa un paralelismo con el signo de Cáncer que astrológicamente es su sede, sino también la facultad nocturna de sacar contenidos del inconsciente, caminando hacia atrás desde los lugares más recónditos hasta hacerlos evidentes al Ego.

Así, la Luna es candidata a convertirse en el símbolo de una conciencia que se expresa con las figuras que emergen cuando falla el estado de vigilancia.

El Alma expresada por la Luna es un alma diferente a la de las Estrellas, está alimentada por imágenes profundas.

Las visiones lunares surgen en situaciones de oscurecimiento del Ego. Éste está íntimamente conectado con las aguas del sentimiento esencial.

La Luna no conecta las partes del Sí-mismo como la Náyade del arcano decimoséptimo, sino que las interpenetra ella misma: más que una conciencia de sí misma, la de la Luna es una conciencia del Sí-mismo.

Sin embargo, no hay que confundir las imágenes de la estrella con las ensoñaciones.[4] Para Jung, la vida psíquica misma es

---

4. La ensoñación no es más que un ensueño de carácter consolador, como el sueño de la comida para el hambriento. La actividad imaginativa es, sin embargo, una actividad de la psique misma.

«imaginar», en el sentido de que cada hombre elabora su propia representación de la realidad mediando entre las sensaciones y lo que proviene de los sentidos.

La raíz vital del hombre es verdaderamente inconsciente por naturaleza, un instinto que inspira tensión de planificación, un potencial creativo que el Ego no puede enjaular.

La producción misma de mitos, cuentos de hadas y leyendas no es más que una forma en que la psique se moldea a sí misma.

En el proceso de identificación representado en la carta decimoctava esta concepción se hace evidente: en la representación más clásica encontramos una masa de agua en la que nada un crustáceo, un paisaje rural en el que ladran perros o lobos y en lo alto destaca la Luna, a veces con rostro de mujer; de allí fluyen gotas de colores que rocían el paisaje de la conciencia.

Las imágenes de la conciencia lunar, por tanto, no tienen la arbitrariedad de los sueños, sino que corresponden a acontecimientos externos.

La conciencia lunar tiende más a conectar que a discriminar, a relacionar más que a juzgar, guarda en su interior los opuestos de manera conciliadora más allá de la racionalidad.

En la carta el agua es un elemento preponderante, el arcano preside el número 18 que en la Cábala corresponde a la letra *tzadde*, con el valor gemátrico de 90, lo mismo que la palabra *maim*, «agua».

La Luna de la tradición occidental es arquetípica de lo femenino, de la antigua Diosa personificación de la Naturaleza, pero en realidad al igual que Hécate, una divinidad bisexual, participa de ambos principios.

En algunos idiomas, como en el alemán *mond*, Luna es un sustantivo masculino. Esto nos muestra cómo la conciencia lunar no está ligada a la identidad sexual del individuo, sino que representa una esencia que interviene en el proceso de identificación individual.

Las características de lo femenino psicológico de recepción, alimento de estados afectivos, clarificación pero también de intuición e instinto emocional son un camino a descubrir y observar para adherirse conscientemente al propio Sí-mismo.

Un camino en el que la conciencia lunar tiene plenos derechos individuales.

¿Qué relación tengo con mis emociones?

¿Cómo utilizo mi intuición?

¿Cuál es mi capacidad de recibir?

¿Establezco una relación con mi capacidad imaginativa, con mis ideales?

- *Mi universo es demasiado vasto para estar contenido en palabras.*
- *Soy la bruja, la madre, la amante, el lobo aullante; la que decide nacimientos y mareas, la que preside sueños y pesadillas.*
- *Soy inteligencia emocional y femenina.*
- *Soy quien revela intuiciones, da sentido a las imaginaciones.*
- *Si no estoy es difícil aceptar cada regalo… ¡Aprende a recibir! Aprende mi encanto.*
- *Mi secreto reside en el débil equilibrio de mi luz.*
- *Mi oscuridad es paso obligado, pero estoy en constante cambio, por eso mi plenitud ilumina incesantemente la noche.*

XIX

EL SOL

«Es un Príncipe Sacerdote entre ellos, a quien se llama Sol, y en nuestra lengua se le llama Metafísico: es la cabeza de todo en lo espiritual y temporal, y en él se concluyen todas las transacciones.

Tiene tres principios colaterales: Pon, Sin, Mor, que significan: Poder, Sabiduría y Amor.

El Poder se ocupa de las guerras y las paces y del arte militar; es supremo en la guerra, pero no sobre el Sol; se encarga de oficiales, guerreros, soldados, municiones, fortificaciones y asaltos.

La Sabiduría se ocupa de todas las ciencias y de los doctores y magistrados de las artes liberales y mecánicas, tiene bajo su mando tantos funcionarios como ciencias hay: están el Astrólogo, el Cosmógrafo, el Geómetra, el Lógico, el Retórico, el Gramático, el Médico, el Físico, el Político, el Moralista; y guarda un solo libro, donde se encuentran todas las ciencias, que hace leer a todo el pueblo según la costumbre de los pitagóricos. Y esto hizo que todas las ciencias estuvieran pintadas en todas las paredes, en los revellines, por dentro y por fuera.

En los muros exteriores del templo y en las cortinas, que se bajan cuando se predica para no perder la voz, cada estrella está cuidadosamente colocada con tres versos cada una. En las paredes del primer círculo estaban todas las figuras matemáticas, más de las que escribieron Euclides y Arquímedes, con su significativa proposición. Afuera está el mapa de toda la Tierra, y luego las tablas de cada provincia con sus ritos y costumbres y leyes, y con los alfabetos ordinarios encima de su alfabeto. Dentro del segundo círculo están todas las piedras preciosas y no preciosas, y minerales, y metales reales, con las declaraciones de dos versos en cada una. Fuera hay toda clase de lagos, mares y ríos, vinos y aceites y otros licores, y sus virtudes y orígenes y cualidades; y hay cántaros llenos de diversos licores de cien y trescientos años, con los que curan casi todas las enfermedades.

Dentro del tercero están representadas toda clase de hierbas y árboles del mundo, y también en tiestos de terracota sobre el revellín y las declaraciones donde se encontraron por primera vez, y sus virtudes, y las semejanzas que tienen con las estrellas y con los metales y con extremidades humanas y su uso en medicina.

Afuera, todas las formas de los peces de ríos, lagos y mares, y sus virtudes, y la forma de vivir, de generar y criar, y a qué sirven; y las semejanzas que tienen con las cosas celestes y terrestres y con el arte y la naturaleza; de modo que quedé asombrado cuando encontré pez obispo y cadena y clavo y estrella, tal como esas cosas están entre nosotros. Hay también erizos, conchas, ostras; allí está admirablemente descrito y explicado todo lo que el mundo de las aguas contiene digno de mención.

En el interior del cuarto, están pintados todo tipo de pájaros y sus cualidades, tamaños y hábitos, y entre ellos el que consideran muy real, el fénix. Afuera hay toda clase de animales, reptiles, serpientes, dragones, alimañas e insectos, moscas, tábanos, etc., con sus condiciones, venenos y virtudes; y son más de los que pensamos.

En el interior del quinto se encuentran los animales más perfectos de la Tierra y hay tantas especies que produce asombro. No conocemos ni la milésima parte, y por ser de gran tamaño están pintados también en la puerta exterior. ¡Y cuántas especies de caballos, tantas bellas figuras sabiamente descritas! En el sexto están todas las artes mecánicas, y sus inventores, y los diferentes métodos, tal como se usan en las distintas regiones del mundo. Afuera están todos los inventores de leyes, ciencias y armas. Encontré a Moisés, Osiris, Júpiter, Mercurio, Macometto y muchos otros; y muy honrados en aquel lugar fueron Jesucristo y los doce Apóstoles, que consideran dignos de gran estima, y César, y Alejandro, y Pirrón y todos los romanos. Y cuando les pregunté cómo sabían nuestra historia, me respondieron que hablaban las lenguas de todas las naciones, y que enviaban embajadores a propósito por todo el mundo, que indagaban sobre el bien y el mal de cada uno, cosa que los deleita mucho. Vi que en China inventaron antes que nosotros la pólvora y la escritura.

Luego están los maestros que enseñan todas estas cosas; y los niños aprenden todas las ciencias sin esfuerzo, jugando, antes de cumplir los diez años.

El amor cuida la procreación, une a hombres y mujeres para que formen una buena raza; y se ríen de nosotros porque prestamos atención a las razas de perros y caballos, y descuidamos la nuestra. El amor se ocupa de la educación, de las medicinas, de las especias, de la siembra y recogida de frutos, de las cosechas, del arte de la mesa y de todo lo relativo a la alimentación, al vestido y al coito, y tiene muchos maestros dedicados a estas artes. Todo esto lo negocia el Metafísico con ellos, porque sin él nada se hace, y todo lo comunican los cuatro, y hacia donde el Metafísico se inclina, ellos acceden».[1]

EL ARQUETIPO: LA CONCIENCIA SOLAR

El Sol es el tercero de los arcanos siderales, en esta posición algunos autores han visto una correlación con el número 3 presente en las biografías de hombres que representan hierofanías: tres son los cuerpos de Buda, tres son las personas de la trinidad cristiana y el mismo Cristo,[2] Sol de justicia, esperó tres días antes de resucitar.

El Sol es, además, el factor que actualiza la existencia en la Tierra con sus rayos; sol-luz-vida es una constelación simbólica que

---

1. Tommaso Campanella, *La ciudad del Sol,* 1602. Es una obra filosófica del siglo XVII. El autor imagina una ciudad ideal de estructura circular que encarna a la sociedad perfecta y a todas las virtudes del buen gobierno. Regida por un iluminado, en el centro de la ciudad hay un templo dedicado a la estrella, formado por grandes columnas sobre las que se eleva una cúpula en cuyo interior aparece la esfera celeste. El texto extraído está editado por Massimo Baldini, Newton e Compton, Roma, 1995, págs. 6-7.

2. Los tres cuerpos de Buda son: el cuerpo del Dharma que corresponde a la vacuidad de la iluminación, el cuerpo del Goce Completo, es decir, el cuerpo visible, el cuerpo de Emanación con el que aparece y predica en el universo.

hace de la estrella el principio de todo, el núcleo alrededor del cual gravita la existencia universal. Es el centro por excelencia, la fuente que permite a los seres prosperar.

Así, por extensión, el Sol se convierte, en la imaginación psíquica, en el centro de la personalidad, informa la capacidad de conciencia, de conocimiento, de visión, hasta el punto de que los sabios son llamados «iluminados» y los halos transfieren sus propiedades a la cabeza de los santos:

> Con la salida del Sol, el hombre sale del régimen matriarcal de la Luna y entra en el régimen patriarcal del Sol; en el lenguaje de la psicología analítica, abandona el reino nocturno del inconsciente y entra en el reino diurno de la conciencia.[3]

El arcano del Sol a menudo representa la conciencia como hija del inconsciente.

La imagen del niño o pareja de niños bajo una estrella brillante es una de las iconografías más utilizadas en la decimonovena carta del tarot. El hijo de luz que porta la estrella es una manifestación del núcleo de la identidad presente en cada uno, luminoso y autorrealizado, se irradia iluminando el mundo.

---

3. Widmann C.: ibíd., pág. 371.

Si en la carta hay dos niños, expresan oposiciones internas, pero en esta personificación siempre son alegres, complementarios y muchas veces unidos por abrazos.

Es la primera vez que en el tarot los opuestos psíquicos toman un aspecto humano, una indicación de cómo su dinámica ya no es gestionada por fuerzas inconscientes, sino cultivada conscientemente, en un modelo que logra combinar las inclinaciones contrastantes.

En el arcano, la conciencia solar unifica, tiene conocimiento claro de su contenido, cumple la función de desarrollar la conciencia elevada.

Es una conciencia que ha sabido cortar sus propias ramas muertas, una conciencia que, como Cristo y Buda, ha sido capaz de sacrificarse para alcanzar su propia realización, ha sabido cultivar una convergencia entre sentimientos, emociones, imágenes y razón.

El héroe solar que vence al mal es una parusía común no sólo en los ejemplos citados anteriormente, sino que se manifiesta también en innumerables culturas: el dios Sol egipcio vence cada noche a la serpiente infernal Apep, el dios solar Mitra mata con sus propias manos al toro de cuya sangre fluye la vida en la Tierra…

El mito de Apolo, que conduce cada día el carro solar a través de la bóveda celeste, narra, sin embargo, cómo la formación de este tipo de conciencia requiere un viaje, una progresión.

Apolo es el hombre perfecto, joven y hermoso, es la divinidad de las artes, la medicina, la música, la poesía, la espiritualidad, capaz de mirar hacia delante prediciendo el futuro.[4]

Su realeza se expresa en el uso del amarillo dorado y está eminentemente ligado a su representación: la propia mitología cuenta cómo, cuando Apolo nació en la isla de Delos, los cimientos de esa franja de tierra sobre el mar se volvieron de oro.

La conciencia solar no es la única conciencia posible, como hemos visto en los arcanos anteriores, pero es la que más que ninguna otra basa su desarrollo en las funciones del pensamiento.

En Occidente, debe su primacía a la cultura religiosa que sitúa al monoteísmo en el centro, caracterizado por una representación luminosa de Dios. El cristianismo, en efecto, no es sólo una religión, es también una estructura de pensamiento.

En esencia, el cristianismo es profundamente diferente de la inteligencia griega, que veía en la cohabitación de la naturaleza un ser inmensamente más fuerte que el hombre. La cultura cristiana ha situado al ser humano como dueño de la Tierra y ha introducido una visión positiva de la vida hasta entonces desconocida. En el

---

4. En Delfos había un templo dedicado a él que se utilizó durante toda la antigüedad para recibir oráculos.

orden del tiempo cristiano el pasado es malo (pecado original), el presente es redención, el futuro es salvación.

Una concepción que ha moldeado la razón de todos los ámbitos del mundo occidental: de la misma manera, por ejemplo, para la ciencia el pasado es ignorancia, el presente es investigación y el futuro es progreso, o para el marxismo el pasado es injusticia social, el presente es revolución, el futuro es justicia, o nuevamente para el pensamiento psicoanalítico el pasado es trauma, el presente es análisis, el futuro es curación…

Una progresión de este tipo, muy distinta de la lunar en la que la suave luz ilumina los mundos, es una progresión eminentemente solar.

El Sol es un principio cálido que todo anima y vivifica, bajo sus rayos todo crece, avanza hacia la acción, hacia la realización.

La conciencia solar ve el futuro como positivo, lleno de promesas, tiene fe en la razón humana que se pone en movimiento para investigarlo, conocerlo y al mismo tiempo crearlo. En su ser conciencia de esperanza especializa el pensamiento como una función capaz de incluir la orientación de los Astros y el sentir de la Luna.

Es sólido, inalterable, maduro, capaz de gestionar desacuerdos e identificar impulsos.

Los muros y las vallas que encontramos dibujadas en algunas barajas son protecciones psíquicas levantadas para que el racionalismo no la seque, una especie de témenos[5] que la socorre de las fuerzas de la Sombra.

Incluso una inteligencia brillante requiere moderación para que las racionalizaciones no inhiban el conocimiento.

La conciencia solar existe no negando la existencia del inconsciente, sino reconociéndolo y respetándolo de manera constante.

En esta actitud psicológica, el Sol también está relacionado con la palabra solaridad, que indica un estado de ánimo. Así, la decimonovena letra del alfabeto hebreo *quf* preside el significado de risa. Una risa que no pretende ser de burla o escarnio, sino más bien la sonrisa del sabio, en la que se infunde serenidad, alegría y equilibrio.

La conciencia solar es capaz de afrontar con armonía los acontecimientos tristes y contener la tentación de la complacencia.

Cuando faltan estos equilibrios seguros, los mitos antiguos nos cuentan cómo puede producirse un desastre: Fletón, hijo del dios Sol Helios que tenía la tarea de transportar el carro diurno, logró en secreto tomar las riendas, pero su mano era insegura, por lo que los caballos primero llevaban el carro hacia arriba, congelando la Tierra, luego hacia abajo, secándola.

---

5. Recinto de un lugar sagrado.

Sólo la intervención de Zeus detuvo la catástrofe. Un rayo cayó sobre el joven que se precipitó al suelo y la estrella fue devuelta a las seguras manos de su padre.

El mito de Fletón nos muestra lo que sucede cuando la conciencia solar se vuelve unilateral, cuando la razón se convierte en racionalismo, cuando el pensamiento se vuelve sobre sí mismo.

Así, el arcano del Sol nos recuerda cómo la conciencia solar necesita estar en constante contacto con la parte emocional del Sí-mismo: las gotas que caen del astro describen esta dimensión en la que lo mental riega la intimidad humana en un equilibrio cósmico.

No es casualidad que el viaje del Héroe conduzca al descubrimiento de cualidades propias del principio femenino, de esa Alma con sus características de protección y dedicación, de generación metafórica y cuidado.

En los mitos griegos, el sacerdote de Apolo era una mujer llamada Pythia, de manera similar, la conciencia solar necesita compartir las cualidades del arquetipo femenino.

El predominio de la razón no puede estar exento del sentimiento o el precio es la esterilidad total.

¿Qué me hace sentir exitoso?

¿Qué es lo que realmente me satisface?

¿Hay algo nuevo que estoy construyendo?

¿Hay algo nuevo que me gustaría aprender?

¿Qué me hace sentir reconocido por los demás?

- *Soy el centro que da vida, la luz que todo lo informa.*
- *Como un niño me encierro en ti y expando mis rayos para que puedas brillar.*
- *Te permito aprender cualquier cosa y traer conciencia luminosa.*
- *Las metas que te propones pasan por mí, siguen la razón.*
- *Utiliza, pues, mi camino iluminado, pero no te seques con mis rayos.*
- *Cada día brillo tras la oscuridad de la noche, puedo aclararlo todo, puedo regenerar cada aspecto, puedo hacer desaparecer las sombras del pasado y hacerte brillar resucitado en el presente.*
- *Mide bien mis flechas y no secaré tu campo, todo crecerá frondoso.*

XX

EL JUICIO

«A continuación», dije, «compara nuestra naturaleza, en lo que respecta a la educación y la falta de educación, con una imagen como ésta. Dentro de una vivienda subterránea en forma de cueva, con la entrada abierta a la luz y tan ancha como toda la cueva, cree ver hombres que han estado dentro desde que eran niños, encadenados de piernas y cuello, para tener que permanecer quietos y sólo pueden ver hacia delante, sin la capacidad, debido a la cadena, de girar la cabeza. En lo alto y a lo lejos, deja que la luz de un fuego brille detrás de ellos y un camino elevado discurra entre el fuego y los prisioneros. A lo largo de esto cree ver construido un muro bajo, como esas pantallas que los titiriteros colocan delante de la gente para mostrar los títeres encima de ellos».

«Ya veo», respondió.

«Imagina ver hombres llevando a lo largo de la pared objetos de toda suerte que sobresalen del borde, y estatuas y otras figuras de piedra y madera, de cualquier modo labradas; y, como es natural, algunos de ellos hablan, otros callan».

«Tu imagen es extraña», dijo, «y esos prisioneros son extraños».

«Se parecen a nosotros», respondí. «¿Crees que esas personas pueden ver, sobre todo a sí mismos y a sus compañeros, algo más que las sombras proyectadas por el fuego en la pared de la caverna que tienen delante?».

«¿Y cómo podrían», respondió, «si se ven obligados a mantener la cabeza inmóvil toda su vida?».

«¿Y no ocurre lo mismo con los objetos transportados?».

«Seguramente».

«Si esos prisioneros pudieran conversar entre ellos, ¿no crees que se les ocurriría llamar objetos reales a sus visiones?».

«Por la fuerza».

«¿Y si la prisión también tuviera un eco desde la pared de enfrente? Cada vez que uno de los transeúntes hiciera oír su voz, ¿crees que la juzgarían diferente de la de la sombra que pasa?».

«¡Yo no, por Zeus!», respondió.

«En resumen, para esas personas», dije, «la verdad no puede ser otra cosa que las sombras de los objetos artificiales».

«Por supuesto», admitió.

«Examina ahora», continué, «cómo podrían liberarse de sus cadenas y curarse de su inconsciencia. Supongamos que les ocurriera naturalmente un caso como éste: que uno fuera liberado de repente y obligado a levantarse, girar la cabeza, caminar y mirar hacia la luz; y que al hacerlo sintiera dolor y el resplandor le impidiera ver aquellos objetos cuyas sombras había visto anteriormente. ¿Qué crees que respondería si le dijeran que antes veía un vacío sin sentido, pero ahora, al estar más cerca de lo que es y estar orientado hacia los objetos que tienen más ser, puede ver mejor? ¿Y si al mostrarle también cada uno de los objetos que pasan, le preguntaran y le obligaran a responder qué es? ¿No crees que él seguiría dudando y juzgaría las cosas que vio antes como más verdaderas que las que le fueron mostradas ahora?».

«Por supuesto», respondió.

«Y si se viera obligado a mirar la luz misma, ¿no le dolerían los ojos y no huiría, volviéndose hacia los objetos cuya vista podía sostener? ¿Y no los consideraría realmente más claros que los que le fueron mostrados?».

«Así es», respondió.

«Si entonces», continué, «lo sacáramos a rastras de allí a la fuerza, por la pendiente abrupta y empinada, y no lo dejáramos antes de haberlo sacado a la luz del Sol, no sufriría y no padecería. ¿Se enfadaría por ser arrastrado? Y cuando llegase a la luz, que le deslumbraría, no podría ver ni una sola de las cosas que ahora se dice que son ciertas».

«Ciertamente no podría», respondió, «al menos de repente».

«Creo que debería acostumbrarse si quiere ver el mundo superior. Y primero observará, muy fácilmente, las sombras, y luego las imágenes de los seres humanos y otros objetos en sus reflejos en el agua, y finalmente los objetos mismos; desde éstos, pues, dirigiendo su mirada a la luz de las estrellas y de la Luna, podrá contemplar de noche los cuerpos celestes y el cielo mismo con mayor facilidad que durante el día el Sol y la luz del Sol».

«Por supuesto».

«Creo que al final podrá observar y contemplar lo que realmente es el Sol, no sus imágenes en las aguas o en otras superficies, sino el Sol en sí mismo, en su propia región».

«Cierto», dijo.

«Después de esto, hablando del Sol, ya podía concluir que es él el que produce las estaciones y los años y que gobierna todas las cosas en el mundo visible, y que es la causa, en cierto modo, de todo lo que él y sus compañeros vieron».

«Está claro», respondió, «que experiencias similares terminarán así».

«Y recordando su primera casa y la sabiduría que allí tuvo y la de sus compañeros de prisión, ¿no crees que se alegraría del cambio y sentiría lástima por ellos?».

«Cierto».

«En cuanto a los honores y elogios que posiblemente se intercambiaron entonces, los primeros reservados para los que eran más agudos en observar los objetos que pasaban y recordaban mejor cuántos pasaban primero, adivinando así los siguientes, ¿crees que aspirarían a ser como ellos y que envidiarían a los que entre los prisioneros tenían honores y poder? ¿O que se encontraría en la condición descrita por Homero y preferirían "por un salario servir como un campesino, incluso como un hombre sin sustancia", y sufrirlo todo antes que tener esas opiniones y vivir de esa manera?».

«Yo también creo», respondió, «que aceptaría sufrir cualquier cosa antes que vivir de esa manera».

«Ahora piensa también en este otro punto», dije. «Si nuestro hombre volviera a bajar y se sentara otra vez en el mismo asiento, ¿no se llenarían sus ojos de oscuridad, proveniente de repente del Sol?».

»Sí, por supuesto», respondió.

«¿Y si volviera a discernir esas sombras y se enfrentara a los que siempre han permanecido prisioneros, durante el período en que su visión se nubla, antes de que sus ojos vuelvan a su estado normal? ¿Qué pasa si ese período de recuperación del hábito fuera bastante largo? ¿No sería entonces objeto de risa? ¿Y no se diría de él que de su ascensión regresa con los ojos arruinados y que ni siquiera vale la pena intentar subir? Y a quien quisiera desatar y conducir a aquellos prisioneros, ¿no lo matarían acaso si pudieran tenerlo al alcance de sus manos?».

«Por supuesto», respondió.[1]

EL ARQUETIPO: EL DESPERTAR

A pesar del título dado al arcano, la iconografía clásica de la carta no expresa ninguna división entre el bien y el mal, ninguna elevación de los justos y condenación de los réprobos. En resumen, en el tarot, el Juicio no significa juzgar.

Lo que, sin embargo, aparece en las representaciones más comunes son uno o más ángeles tocando la trompeta, y los cuerpos desnudos que responden a la llamada emergen de las tumbas. El momento que queda inmortalizado en la carta no es el del veredicto,

1. Platón: *La Repubblica,* Opere, vol. II, Laterza, Bari, 1967, págs. 339-342.

sino el de la resurrección, del despertar, de la parusía de la Verdad última. En las imágenes dibujadas los planos divino y humano están bien separados.

Los ángeles de la parte superior de la carta son seres celestiales cuya figura es de carácter bíblico: en el texto sagrado encontramos descritos serafines y querubines, los primeros tienen tres alas y cantan incesantemente alabanzas al Señor, los segundos sólo dos y son colocados como guardianes con una espada de fuego ante las puertas del Edén.

Tienen la misma función de mensajeros que Hermes, el anunciador de los dioses griegos; revelan peligros y acontecimientos, aparecen en sueños para dar indicaciones y expresar profecías. Sin embargo, tras un análisis más detenido y extenso de la angelología, descubrimos que su tarea no se limita a llevar los anuncios de Dios a los elegidos.

En el neoplatonismo estas criaturas son las fuerzas que sostienen los cielos, un principio impulsor, el poder que, como manifestación divina, sostiene el cosmos; el Pseudo-Dionisio en *De caelestis hierarchia* los divide en tres rangos organizados, cada uno de los cuales se divide a su vez en coros para un total de nueve tipos de ángeles. Desde el Empíreo, en el lugar más cercano a Dios, hasta los guardianes de las almas mortales, estas esencias desempeñan tareas específicas en una sociedad organizada.

En la Cábala, los setenta y dos ángeles son, sin embargo, energías que dan forma a todos los aspectos de la naturaleza.

Su entidad es tal puente entre la divinidad y la materia que también se definen como los setenta y dos nombres de Dios y dan vida a un calendario real mediante el cual presiden a su vez la realidad, sosteniéndola con su emanación.

Es decir, el mundo angélico es tan complejo que refleja el mundo mortal. A diferencia del universo fenoménico, sin embargo, el celeste es inmaterial, virtual, puro, incorruptible, dibuja un ideal. He aquí entonces cómo la figura del ángel puede encarnar con razón el arquetipo del ser despierto y portador del despertar.

Si, como describe Platón, la realidad conocida por el hombre es sólo una sombra proyectada por el inconsciente, siempre filtrada por una lectura personal del mundo, el ángel del Juicio nos llama a luchar por la luminosidad sobrenatural, por la conciencia de todo, por la visión no parcial.

Inicia al alma en una conciencia que no es particular, la defiende, la consuela, le muestra los caminos de elevación y, sobre todo, los de la Verdad total.

La visión que presenta ha superado la conciencia egoica, expande el conocimiento de la realidad a un plano inmaterial, con formas puras, comunicando cómo éstas no están cerradas al conocimiento humano.

La trompeta que sostiene en sus manos es un instrumento de sonido resonante, utilizado en la antigüedad para dirigir ejércitos, convocar reuniones y emplazar funciones sagradas. Su estímulo sonoro es inconfundible, una señal que define una vocación individual en la que se ponen en juego la sensibilidad lunar, la razón solar y la orientación estelar.

Además, en cuanto a lo teológico, la Resurrección no se puede evitar, ni conceptualmente es sólo una recomposición del cuerpo sino un verdadero salto de conciencia.

Es la apropiación de un conocimiento eterno, revelado y que lo abarca todo. Es saber cómo es todo y el significado de todo.

Así, cuando suena la trompeta del Juicio, el evangelista Mateo escribe: «El Sol se oscurecerá, la Luna ya no dará su luz, las estrellas caerán del cielo».[2]

Los hombres serán llamados a salir de las tumbas, de ese lugar de oscuridad y encarcelamiento tan bien comprendido en la Caverna del mito platónico.

Cada constructo será superado y se manifestará una percepción exacta de la realidad, de la justicia, del significado.

Los cuerpos dibujados en la parte inferior de la carta están desnudos porque, en el momento de la llamada, las conciencias ya

---

2. Mateo 21, vv. 23-25.

están despojadas de sus superestructuras, listas para utilizar la capacidad del alma para la visión en lugar del sentido de la vista.

El tema del portentoso despertar es arquetípico; desde cuentos infantiles como *Blancanieves* hasta las teologías de los misterios órficos[3] o cristianos, se cuentan historias de un héroe o divinidad que permanece enterrado en la inconsciencia de la caverna-prisión y luego despierta en otra dimensión.

A través del Juicio, el tarot escenifica un pasaje iniciático: en la vigésima carta el Ego se ha superado a sí mismo.

El arcano del Ángel expresa por tanto una llamada que va más allá de una definición de la constelación personal, va más allá del proceso de individuación; «no investiga la esencia y la cualidad de la conciencia: no evalúa si es lunar, solar o sideral, si es inteligencia emocional o pensamiento racional, etc., mira esencialmente su orientación, considera si se dirige a las esferas superiores del ser o si está aprisionado en los niveles inferiores de lo contingente y de la apariencia».[4]

---

3. Los cultos órficos surgieron en Grecia presumiblemente alrededor del siglo VI a. C. La divinidad central era Dioniso, el dios devorado por los titanes y luego resucitado.

4. Widmann C.: ibíd., pág. 392.

Es interesante observar cómo el arcano del Juicio preside el número veinte.

En el Talmud, la letra hebrea correspondiente es *resh* que representa «el camino de retorno» y alude a la fuerza de retornar a uno mismo, a la propia verdad absoluta, pura, original y trascendente; en el simbolismo numérico, veinte duplica la plenitud de diez, como si el toque de las trompetas prometiera una energía numinosa capaz de llevar al hombre a la realización total, no sólo de su propio destino sino también del significado del mismo.

¿Tengo en cuenta mis más altos ideales?

¿Qué está despertando en mí?

¿A qué me siento llamado?

¿Hay algo que mantengo latente y que me gustaría expresar o lograr en su lugar?

- *Yo soy el Despertar, traigo el milagro de la visión clara.*
- *Por mí estás llamado a acceder a tu verdadera esencia, a realizar tus deseos más profundos, a elevar tu alma por encima de sus constructos.*
- *De hecho, no traigo juicio, sino discernimiento.*
- *Escucha, sigue el sonido de mi trompeta y serás elevado sobre los escombros, puesto en el camino del destino.*
- *Despierta lo que duerme en ti, escucha mi llamada a levantarte.*
- *Este sonido es tu llamada a la Resurrección.*

XXI

EL MUNDO

Digamos entonces por qué el creador hizo la generación y este universo. Era bueno, y en una buena persona nunca surge envidia por nada. Inmune, pues, a eso, quería que todas las cosas se volvieran lo más parecidas posible a él. Si alguien acepta esto de los hombres prudentes como la causa principal de la [30.ª] generación y del universo, lo acepta con mucha razón. Porque Dios, queriendo que todas las cosas fueran buenas y, en la medida de lo posible, nada fuera malo, tomó lo visible que no estaba en reposo, sino que se movía salvaje y desordenadamente, y lo redujo del desorden al orden, juzgando éste en conjunto mejor que ése. Ahora bien, nunca fue ni está permitido a los mejores hacer otra cosa que lo más bello. Razonando, pues, descubrió que, de las cosas naturalmente visibles, si se las considera en su totalidad, ninguna, carente de inteligencia, sería jamás más bella que otra que tiene inteligencia, y que era imposible que algo tuviera inteligencia sin alma... Con este razonamiento, componiendo la inteligencia en el alma y el alma en el cuerpo, construyó el universo, de modo que la obra que realizaba era la más bella según la naturaleza y la mejor posible. Por lo tanto, según una razón plausible debe decirse que este mundo es verdaderamente un animal animado e inteligente generado por la providencia de Dios.[1]

EL ARQUETIPO: EL SÍ-MISMO

Platón nos cuenta que, para que el mundo fuera excelente, el Demiurgo decidió colocar un alma en su centro: el *Anima Mundi* (alma del mundo) es el tema que encontramos en el personaje femenino dibujado en la carta.

La figura de la mujer está representada en los arcanos como quien infunde inteligencia viva a la totalidad del cosmos. Mantiene todas las partes del universo conocido y desconocido en relación en una matriz de cohesión. Es un centro de gravedad

1. Platón: *Timeo,* traducción italiana de Emilio Piccolo, Classici Latini e Greci Senecio, Nápoles, 2009, cap. VI, 30a-30c.

permanente, es un principio de unificación, un primordio ordenador, un orden regulador.

Cuando baila, su danza es la de Shiva,[2] que da vida a la manifestación de la energía cósmica. En la noche de Brahman, la naturaleza es inerte y no puede bailar hasta que Shiva quiera: despierta del éxtasis y transmite ondas pulsantes de sonido a la sustancia; entonces la creación despierta, formando un halo a su alrededor. Cuando se cumple el tiempo, todavía bailando, destruye todas las formas y nombres con fuego y trae de vuelta una nueva paz.

Una danza de felicidad[3] que el físico Fritzof Capra no dejó de conectar con la de la materia subatómica:[4] «Cada partícula subatómica», escribe, «no sólo realiza una danza energética, sino que también es un proceso pulsante de creación y destrucción… involucra a todo el cosmos».

En la figura de la mujer-alma se condensan así poesía y ciencia.

---

2. Shiva es una deidad hindú. Su danza da vida a las cinco manifestaciones principales de la energía eterna: creación, destrucción, conservación, salvación e ilusión.

3. La danza de Shiva se llama *Anandatandava*, que significa «danza de la dicha», una representación unificada y dinámica que expresa el ritmo y la armonía de la vida.

4. Capra F.: *Il tao della fisica,* Adelphi, Milán, 1982.

Es un arquetipo común a muchas culturas en las que lo personal desemboca en lo universal: es el *atman* sánscrito (aliento vital) con su doble naturaleza individual y cósmica, es el equilibrio del tao en el conocimiento chino.[5]

El bailarín del Mundo es un agente ordenador que mantiene las partes en relación y, como tal, es candidato a expresar no sólo un concepto referente a la matriz del universo sino también a la matriz del ser humano: el *Anima Mundi* en la carta. Es también, por extensión, la representación del Sí-mismo, del alma individual.

Ya hemos visto cómo para Jung el Sí-mismo es esencialmente el todo psíquico; aquí especificamos que esta categoría incluye tanto el consciente/inconsciente personal como el consciente/inconsciente colectivo. En este sentido el misterio del Mundo contiene la representación de todas las dimensiones. La singularidad no está separada de la totalidad.

La mujer-alma es la fuente de vida para la creación, así como la libido que fluye del Sí-mismo lo es para la psique. Unifica los componentes diversos y contrastantes en la individualidad de un principio cósmico y un Sí-mismo unitario.

---

5. Es un concepto del pensamiento chino difícil de traducir, podríamos simplificarlo en *flujo, devenir.*

En la imagen circular dentro de la cual está encerrado encontramos, sin embargo, los atributos simbólicos de organización y plenitud que especifica la carta del Mundo.

Este último detalle ha tenido una notable variedad de interpretaciones estilísticas: a veces la forma redonda es una serpiente ouroboros,[6] a veces se dibuja la propia Tierra, a veces es un mandala que rodea el cuerpo de la bailarina...

En cualquier caso, la esfera es un sólido que especifica los criterios de proporción para su perfecta simetría, el círculo es el arquetipo universal de la plenitud, la serpiente ouroboros expresa la especificidad de no tener principio ni fin, el mandala se refiere a la dicha de la perfección.... La carta del Mundo es, pues, la antítesis de la unilateralidad.

Se abrazan las antinomias, lo idéntico y lo diferente tienen cada uno su lugar.

Finalmente, el círculo es un atributo contenedor; en el Mundo se gestiona el vértigo de la totalidad, es atraída hacia el corazón del alma; contener significa circunscribir, pero en este caso ninguna parte está excluida, sino más bien abrazada.

---

6. Animal simbólico derivado de la iconografía mítica egipcia. Se trata de una serpiente que se traga su propia cola creando la figura de un círculo, representando así la eternidad o el cosmos.

Cada fragmento existe para nutrir y fortalecer el centro a medida que continúa extendiéndose hacia áreas cada vez más grandes.

Es interesante subrayar que la estabilidad del universo, como la del Sí-mismo, se materializa sólo en el movimiento. No hay vida en la estasis.

La danza de la mujer-alma es una iconografía perfecta del concepto de flujo.

En psicología positiva este concepto fue definido en 1975 en un artículo del *Journal of Humanistic Psicology* por Mihaly Csikszentmihalyi, quien lo describió como ese estado en el que no eres consciente del paso del tiempo porque estás tan inmerso en una tarea que disfrutas que no puedes pensar en nada más. Esta descripción, aunque esclarecedora, parece reduccionista si se la compara con la presencia en el devenir de las partículas de Capra o en el ineluctable girar de los brazos de Shiva. La danza del Sí-mismo está impregnada por la danza del todo, así como el todo está impregnado por el Sí-mismo.

La danza, además, siempre se ha utilizado para conectar con el arquetipo de la totalidad. Pensemos, por ejemplo, en los ritos cosmogónicos de los nativos americanos, en los ritos propiciatorios de los pueblos africanos o en los giros de los derviches que siguen un camino en espiral para unirse a un núcleo…

El cuerpo del Mundo nunca es pasivo, no puede serlo, exactamente como el Sí-mismo, sigue el ritmo de sus propios ritmos evolutivos.

A menudo se representan cuatro figuras alrededor del círculo dibujado en el arcano. Generalmente son los cuatro evangelistas en su iconografía: ángel (Mateo), león (Marcos), buey (Lucas) y águila (Juan).[7]

Nos gustaría señalar que en el simbolismo del cuatro sucede muchas veces que tres elementos tienen características similares, mientras que uno difiere por completo y pertenece a otro paradigma. Por ejemplo, entre los evangelistas, tres son animales mientras que el cuarto tiene figura humana. Esta oposición nos recuerda un tema ya tratado en otras cartas (El Ahorcado, La Torre, El Diablo): la invitación a mirar el mundo desde otra perspectiva distinta a la que estamos acostumbrados, a utilizar todas las funciones psíquicas.

En el arcano del Mundo, sin embargo, las funciones del Sí-mismo están todas presentes, rodeando el marco formado por los dos

7. Estos símbolos fueron asignados por los padres de la Iglesia y representan las características de los escritos: Mateo se centra en la humanidad de Cristo (ángel), Marcos en su majestad (león), Lucas en el sacrificio (buey) y Juan en el contenido espiritual (águila).

arcos que se tocan en los dos vértices, superior e inferior, de manera clara. El significado es explícito: en esta carta, circunscribir significa integrar, no excluir. El cuarto elemento participa de la plenitud de la representación con su diversidad.

En la iconografía simbólica de a qué apuntar, la última carta del tarot preside la integración de diferentes motivos y, numéricamente, la letra *tav* correspondiente en la Cábala significa «sello».

Dejamos al lector decidir cuál es el sello impreso. Poco importa si es el sello de la individualidad lo que nos distingue a cada uno de nosotros como únicos o el sello de la perfecta bienaventuranza del universo. Es evidente que el último arcano numerado del tarot muestra el ideal, quizá utópico, hacia el que tienden existencialmente el Sí-mismo y el Cosmos.

¿Cuál es mi verdadera plenitud?
¿Cuáles son los resultados de mis acciones hasta ahora?
¿En mi genio me siento realizado?
¿Por qué altos ideales me esfuerzo en mi vida emocional?
¿A qué altos ideales tiende mi coraje?
¿A qué ideales tiende mi sensualidad?
¿Cultivo todas las partes de mí?

- *Soy el* Anima Mundi, *el espíritu de inteligencia que todo lo impregna, la matriz que lo conecta todo.*
- *En ti me expreso a través del Sí-mismo que todo lo sabe, todo lo desarrolla.*
- *Unifico, ordeno, regulo. Los opuestos están naturalmente contenidos en mí.*
- *Yo soy el infinito, el todo, la perfección, el significado, lo eterno, la felicidad.*
- *No hay dolor en mí, no hay carga. Cada sentido se cumple, todo tiene un lugar.*
- *Recuérdame porque soy yo a quien debes atender.*
- *No rechaces mi música, es por nuestro abrazo que estoy bailando.*

0

EL LOCO

La locura se presenta a sí misma y su obra.

La locura habla.

Independientemente de lo que los mortales suelen decir de mí, sé muy bien cuán mala es la reputación de la Locura incluso entre los más locos. Sin embargo, yo, sólo yo, digo, puedo alegrar a los dioses y a los hombres con mi poder divino. Prueba suficiente de ello es el hecho de que, tan pronto como he entrado en esta multitud tan concurrida con la intención de hablar, todos los rostros se han iluminado de repente con una nueva e inusual hilaridad, y de inmediato se han borrado los ceños fruncidos y me habéis aplaudido con una risa tan alegre y benévola que todos los aquí presentes me parecéis embriagados con el néctar de los dioses homéricos mezclado con *nepentes*.[1] Precisamente vosotros, que antes estabais sentados tristes y preocupados, como si acabarais de regresar de la cueva de Trofonio.[2] Con sólo verme cambiasteis la expresión, como suele ocurrir cuando el Sol ha mostrado a la Tierra su hermosa faz dorada o cuando, después de un duro invierno, el dulce Favonio sopla ante el florecimiento de la primavera. De pronto todo recupera una nueva apariencia, un nuevo color y, para decirlo sin rodeos, una especie de juventud. Así he conseguido, sólo con presentarme, lo que los retóricos, por lo demás ilustres, difícilmente pueden lograr con una larga y cuidadosamente pensada oración: desviar del alma las preocupaciones desagradables.

Además, pronto sabréis el motivo que me ha llevado a presentarme con esta apariencia inusual [de bufón], siempre que no os resulte una carga escuchar mis palabras, ciertamente no como cuando escucháis a los predicadores, sino como estáis acostumbrado a tratar con los charlatanes de la plaza, con los bufones y juglares, y como lo hizo una vez nuestro querido Midas al escuchar

1. Se creía que esta hierba mezclada con vino tenía efectos sedantes y analgésicos.
2. Una cueva mítica. Cualquiera que entraba en esa cueva a preguntar al oráculo salía con una tristeza que ya no podía abandonar.

a Pan.[3] De hecho, me apetecía asumir con vosotros el papel de un sofista: no como esos que hoy en día inculcan ciertos refinamientos inquietantes en la cabeza de los niños y que les enseñan a utilizar la terquedad en peleas retóricas peores que las de las mujeres. En cambio, imitaré a aquellos antiguos que, para evitar el infame nombre de sabios, preferían ser llamados sofistas. Su ocupación era celebrar con alabanzas las hazañas de dioses y héroes. Por tanto, oiréis un elogio, no de Hércules ni de Solón,[4] sino mi elogio: el elogio de la locura.[5]

---

3. Según la mitología griega, el rey Midas, llamado a actuar como árbitro en un concurso de canto entre Apolo (lira) y Pan (flautista), dio preferencia a este último, atrayendo la ira del primero que, como castigo, le estiró las orejas.
4. Solón, poeta elegíaco y político ateniense del siglo II a. C., era proverbial por su sentido de la justicia.
5. Erasmo de Rotterdam, *Elogio della Follia,* 1509. Traducción de la Comunidad de S. Leonino, Edizioni Paoline, Milán, 2004, págs. 146-147.

EL ARQUETIPO: EL INCONSCIENTE

El arcano del Loco lleva el número cero y es colocado por los tarotistas indiferentemente al final o al principio de la baraja.

El concepto de cero es tardío y singular: desconocido por los pueblos griegos y romanos, el cero es una cifra que no tiene valor intrínseco, ligada a la idea de nada: «eres un cero» es una ofensa que significa que un hombre es considerado de poca importancia. Sin embargo, puede representar valores ausentes en una serie de números, como cuando se coloca antes de una coma. En el juego de cartas, en forma de comodín, el cero puede sustituir a cualquier figura; o el cero puede multiplicar cada dígito que le sigue diez veces. El cero es, por tanto, una especie de entidad totipotente, un número extra que califica la carta del Loco a la vez como premisa y como epílogo, como nada y como todo.

En un mandala ideal de la serie de los arcanos, el Loco podría representar el inicio del viaje o su final. En cualquier caso, es un punto de intercambio, un punto de inflexión que logra expresar el hecho de volver a empezar o de multiplicarse infinitamente: un momento de empezar, de llegar y también de volver a empezar.

«Empiezo de cero» es la frase que utilizamos cuando nos encontramos en la tesitura de tener que hacer un cambio radical en nuestra vida, no es casualidad que en la Cábala este arcano esté asociado a la letra *sin*, que significa «cambio».

En las representaciones clásicas de la carta, la vestimenta del Loco, a veces semidesnudo o, como en la tradición medieval, cubierto sólo por un hábito andrajoso, subraya cómo es un extraño en la sociedad, cómo el cero no participa en las reglas, en las secuencias de la lógica de los números.

El contraste del Loco encarna la discrepancia con respecto a los roles impuestos por la vida; el Loco no forma parte de la comunidad y trae al mundo una visión insólita, una incitación, una provocación que fascina y asusta a los hombres.

Por eso, en la Edad Media se permitió que los bufones pudieran decirlo todo sin sufrir consecuencias.

Fueron figuras que trajeron a la vida cotidiana la alegría que desplaza la rigidez social, personajes que suspendieron la realidad de la razón de Estado para dejar que la corte entrara en una dimensión excéntrica.

Las divagaciones del Loco son ridículas porque es un inadaptado que alivia a la comunidad del peso de la lógica y la deja entrar en el mundo del juego, de la imaginación, del inconsciente.

En algunas barajas, el Loco lleva una máscara en la mano, para expresar una identidad dual que lo sitúa en el límite entre un impulso de conciencia personal y un perturbador de conciencia colectiva.

En sentido psicológico, el término «locura» define un estado de alienación mental en el que se ha abandonado todo criterio de juicio, en el que los fantasmas del inconsciente se han apoderado de manera definitiva, pero desde el punto de vista del equilibrio de cada individuo, la locura es un don, un factor indispensable del Sí-mismo.

De hecho, ¿qué sería de la vida sin incursiones fuera de la pura racionalidad?

Se necesita cierta irracionalidad para construir relaciones amistosas, de confianza, dedicarse de lleno a proyectos de mejora, cultivar ideales, enamorarse…

El Loco representa el lugar de los impulsos, las imágenes, las sensaciones subjetivas que informan la vida, sin las cuales cualquier proceso individual sería imposible.

Es un personaje abierto a buscar el conocimiento a través del absurdo del inconsciente, encarnando de un modo simultáneo los momentos psicológicos de la nada en los que nos sentimos inútiles y los de la creatividad, el impulso, la ruptura de las reglas.

El elogio de Erasmo que situábamos al inicio de la discusión no es otra cosa que una rehabilitación apasionada e irónica de la Sombra, de esa parte de nosotros que se adhiere a los principios de lo útil o sistémico y que nos empuja a convertirnos en lo que somos, con nuestra espontaneidad, nuestras pasiones, nuestras metas, nuestra forma de divertirnos.

En su locura, la figura del Loco es, de hecho, también portadora de la verdad: en *El rey Lear*,[6] Shakespeare erige a su personaje central como un aguijón para la conciencia del Soberano;[7] Nietzsche, en *La gaya ciencia*,[8] elige a un Loco para anunciar a los hombres la muerte de Dios. Pirandello disecciona el tema de la locura en todas sus obras, considerándola la única forma de recuperar la autenticidad...

Las citas filosóficas o literarias sobre este arcano podrían ser infinitas, pero es indiscutible que el Loco representa nuestras dimensiones imaginarias, reivindica la utilidad de una dosis justa de inconsciencia para afrontar la vida con exuberancia, ennoblece la grandeza de nuestros sentimientos, informa el impulso de deseos, da fuerza a nuestra creatividad.

Como la mujer-alma del mundo, el Loco nunca está quieto.

---

6. Tragedia de Shakespeare de 1605 que cuenta la historia del rey Lear y su sucesión al trono.

7. La tradición medieval permitía que los bufones pudieran decir cualquier cosa sin sufrir consecuencias precisamente por estar fuera del contexto social.

8. «¿Nunca habéis oído hablar de aquel loco que, a media mañana, encendió un farol, fue al mercado y empezó a gritar sin cesar: "¡Busco a Dios! ¡Busco a Dios!". Al encontrar en la plaza muchos hombres que no creían en Dios, provocó una gran hilaridad».

En las iconografías más clásicas se le representa con un palo y una carga miserable, símbolos del hombre errante; a veces es perseguido por un perro que le anima a seguir adelante; el Loco está siempre en movimiento, al igual que nuestros aspectos emocionales que, por impredecibles que sean, siguen siendo una parte fundamental del Sí-mismo.

Sin la Locura, con su sentimiento, su implicación, su percepción, la historia humana no existiría; la racionalidad nunca será suficiente para diseñar por sí sola las bases de la vida individual y colectiva.

«Incluso Dios», escribió Erasmo refiriéndose a la redención cristiana, «pensó que podía salvar al mundo mediante la locura, ya que el mundo no podía ser redimido por la sabiduría».

¿Qué deseo o pasión debo recuperar?
¿Cuál es el camino que no debo evitar tomar?
¿Dónde puedo conseguir la energía que necesito para realizar nuevas creaciones?
¿Cuánto espacio le doy a mis intuiciones?

- *Soy la locura que baila entre tus dedos.*
- *Tus emociones, tus sonrisas, tu ligereza se ubican en mí.*
- *Tu creatividad y tus deseos se basan en mí…*
- *¿Cómo piensas conquistar las estrellas sin mí?*
- *Si me rechazas no podrás ver más allá de tus pequeños logros terminados.*
- *La paz de lo cierto, de lo conocido es una paz sin temblores.*
- *No tengas miedo de caminar conmigo, soy pobre, es verdad, pero así no negarás la fuerza de tu progreso, más bien lo abrirás a la sabiduría de la intuición.*
- *Podrás recorrer nuevos caminos y liberar nuevas emociones.*
- *Podrás descubrir que el orden del tiempo no existe, sanando heridas del pasado e inventando universos futuros. Sin mí no podrás abrir la puerta del reino de los cielos.*
- *Mi deambular es imparable, sufrirás si intentas detener mi camino.*
- *Ríete de mí pero abrázame.*

LEER EL TAROT PSICOLÓGICO

Para Jung, la realidad es una dimensión física que se inclina hacia lo psíquico: «En determinadas circunstancias, el espacio y el tiempo parecen reducidos aproximadamente a cero», escribió el psicoanalista suizo, postulando así un mundo en el que psique y materia están intrínsecamente conectadas.

La ciencia ha demostrado que, en ciertos niveles, los subatómicos, esta intuición se confirma: en 1982 Bohr demostró que dos partículas, aunque no se comunicaban de la manera tradicional, se influían mutuamente en su movimiento.

Sin embargo, estos postulados no describen un mundo en el que la dimensión de la adivinación oracular tenga su confirmación cierta, no alimentan con veracidad el pensamiento mágico, más bien lo superan: sólo en ciertos niveles los mundos físico y psíquico son equivalentes, y éstos son los niveles de las dimensiones subatómica y subconsciente.

Esto niega la posibilidad de un enfoque simplista como el de la práctica común de la adivinación.

Ni siquiera una lectura superficial de la teoría de la sincronicidad nos ayuda.

Para que dos acontecimientos sean considerados sincrónicos no deben estar unidos por ninguna conexión causa-efecto, por lo que extraer una carta del mazo es un gesto que no puede entenderse como un paralelo preciso de los acontecimientos que sucederán.

En cambio, las cartas del tarot pueden utilizarse por su capacidad para dilatarse, amplificarse e imaginar.

Los arquetipos, en su infinita no identidad, son herramientas de exploración.

Las imágenes de los arcanos son depositarias de preguntas, no portadoras de respuestas.

Una lectura del tarot se asemeja más a un acto meditativo que interpretativo, con una nota: «En la dimensión psicoide hay un arquetipo particular que organiza los acontecimientos del individuo y que estructura las relaciones entre los acontecimientos; para Jung éste es el arquitecto del significado. El significado del acontecimiento, por tanto, es a priori respecto de la conciencia, es inconsciente: la conciencia puede descubrirlo, pero no puede atribuirlo».[1]

Trabajar con las cartas del tarot no significa, por tanto, atribuir significados convencionales a las figuras sino descubrir en qué sentido se articulan los impulsos íntimos.

Como hemos visto, el inconsciente y el consciente están en constante evolución, por lo que las cartas del tarot pueden proporcionarnos una interacción profunda: contar imágenes no pertenece al pensamiento mágico, sino al juego de producir creación.

Si la psique inconsciente se estructura a través de la producción de imágenes, la lectura de las cartas no revelará nuestro futuro, sino que nos ayudará a construirlo.

---

1. Widmann C.: ibíd., pág. 445.

APÉNDICE

LA PSICOLOGÍA DEL COLOR Y LAS CARTAS DEL TAROT

Puesto que se trata de imágenes, mencionar la psicología del color sirve para introducirnos en un paso más de conciencia cada vez que elegimos la carta de cualquier baraja y nos disponemos a verbalizar las energías que nos devuelve el arcano.

El color es el aspecto más misterioso y mágico de la naturaleza, siempre una fuente de asombro, parece expresar una brecha con respecto a la necesidad desnuda de la existencia, es un lujo de la naturaleza misma que se deleita en un excedente de belleza.

Cada pueblo ha marcado la experiencia del color según el contraste fundamental entre luces y sombras.

Los nombres de los colores principales son, de hecho, comunes a todas las lenguas e indican cómo hay una evolución fundamental desde niveles simples de identificación hacia otros más complejos.

Es curioso descubrir cómo el hombre primitivo sólo disponía de dos términos para indicar los colores: blanco[1] y negro.[2]

En la elaboración inicial de la palabra, la terminología humana sólo distinguía entre oscuridad y claridad.

Cuando el lenguaje primitivo empezó a contener un tercer nombre de color, siempre fue el rojo: en *Timeo*, además del blanco y el negro, Platón también incluyó el rojo y el «brillante» entre los colores primarios.

Sólo podemos imaginar lo que pudieron haber sido para nuestros antepasados las experiencias emocionales más intensas, positivas y negativas, a veces violentas como el terror al caer la noche, ligadas a la presencia o ausencia de luminosidad.

---

1. BLANCO: el color blanco es el único color que incluye todos los del espectro luminoso y, como tal, siempre ha sido un arquetipo de perfección, origen de la numinosidad divina. El blanco es la luz. Las sensaciones del blanco hacen referencia a la pureza, fomentan el orden, inspiran claridad mental y nuevos comienzos creativos, pero el blanco también define el vacío, esa psicosis blanca que es una condición sin contenido como las pálidas luces de un hospital.
2. NEGRO: en física, el negro tiene la propiedad de absorber el 100 % de la luz incidente y, por tanto, no refleja ninguna longitud del espectro; por ello, a lo largo de la historia este color siempre ha estado asociado al peligro, al vacío, al más allá. El color negro tiene, sin embargo, su propio componente misterioso. Autoritario y decidido, el negro es un signo tanto de poder como de cambio. Incluso la negra muerte es un paso hacia caminos numinosos.

En cuanto al rojo, el tercero en aparecer, es igualmente desencadenante en sus manifestaciones de fuego benéfico y sangre destructiva. Los pueblos antiguos siempre han hecho un uso extensivo de sustancias coloreadas, no sólo con fines decorativos sino sobre todo con una intencionalidad mágica, encaminada a evocar fuerzas cósmicas naturales: el amarillo solar podía evocar una teofanía, el rojo evocaba el fuego y su poder, mientras que la pareja blanco/negro pretendía significar el contraste luz/oscuridad, día/noche, vida/muerte.

El color, por tanto, siempre ha sido considerado una especie de fuerza sutil, un vínculo entre el cielo y la Tierra, un misterio con valor sagrado como correspondencia entre el mundo humano y el cosmos, entre la experiencia física y espiritual. Los constructores de las catedrales góticas conocían bien este secreto y, adornándolas con vidrieras, imaginaban el estallido de los colores de la luz pura de Dios.

En el espacio de Dios cada color era concebido como un fragmento perfecto de la creación al que el individuo podía acceder participando de una simetría mística. A través de nuestros sentidos, el color coincide con una frecuencia de onda exacta de manera similar a como lo hacen las notas musicales: así como una nota provoca un efecto acústico, cada color despierta en nosotros una sensación bien definida. La distinción de colores la realiza el hemisferio cerebral no dominante, normalmente el derecho, que se encarga de la creatividad y las emociones, mientras que la designación de colores pertenece al hemisferio izquierdo, responsable de las funciones lógicas y lingüísticas.

Matisse sostenía que los colores eran fuerzas y que el segundo efecto principal de su contemplación consistía en las emociones que pueden despertar.

El significado objetivo de la sensación cromática es, por tanto, independiente de nuestra valoración subjetiva, de nuestro sentido de agrado y placer, ya que, como enseña Goethe,[3] el color tiene una cualidad natural, una función específica que pasa por el ojo y llega al alma.

Goethe experimentó que el color surge del encuentro de la luz y la oscuridad donde la luz es la ausencia de materia y la oscuridad es el espesamiento de la materia: el color que nuestro ojo percibe varía dependiendo de la cantidad de materia que aparece frente a un haz de luz proyectado contra una pared blanca.

Goethe demostró que los colores que van del amarillo al rojo son aquellos en los que la materia es menor en cantidad, mientras que ésta tiende a aumentar en los colores que van del rojo al azul.

---

3. Argan G. C.: *Introduzione a Goethe, La teoria dei colori,* pág. XIII, Il Saggiatore, Milán, 1987.

A continuación, proponemos un esquema resumido:

AMARILLO. El amarillo es el color más cercano a la luz, en su rarefacción es similar al mundo de la intuición; es rápido, soleado, expresa una transformación potencial, pero si ese brillo se vuelve excesivo puede quemar lo que toca.

ROJO. Como hemos visto, el rojo ocupa la posición central entre la luz y la oscuridad, es el color de la fuerza motriz. Todo lo que tiene movimiento autónomo, y en consecuencia produce calor, es rojo: el fuego y la sangre son rojos. Sin embargo, este desarrollo energético hace que sea difícil de controlar.

«El rojo es el esplendor de los vivos», dijo Steiner, asociando a este color el principio dinámico que tiene la capacidad de hacer vivo lo inerte.

En su especificidad, por lo tanto, parecería tener que ver con la esfera de los sentimientos, de hecho, se asocia fácilmente a los demonios de las pasiones eróticas que surgen y nos envuelven, que están dentro y fuera de nosotros, a cuya prepotencia corremos riesgo de sucumbir.

El rojo tiene el significado ambivalente de la vida y su destrucción. Roja es la sangre menstrual que anuncia la fertilidad de la joven pero también la sangre venosa que mana de las heridas.

VERDE. El verde siempre precede al rojo al crear lo que el rojo consumirá. Es un color fuertemente conectado con lo femenino natural: la Madre Naturaleza está llena de hojas entretejidas en su cabello, pero como color no humano a veces está cargado de una extraña ambivalencia.

La imaginación colorea de verde no sólo las montañas y los valles frondosos, la abundancia de cultivos y los bosques interminables, sino también seres extraños y aterradores, distintos de nosotros, como las sirenas o los marcianos.

El verde, que dentro del simbolismo de los colores suele describirse como un factor de equilibrio, estaría entonces más vinculado a la sensación, es decir, a la percepción inmediata de cómo son las cosas, fuente de relación entre el observador humano y lo que le rodea.

AZUL. Celeste y azul son los colores del abismo: lo infinitamente alto en el cielo y lo infinitamente profundo en el mar.

Es el color relacionado con el agua y sus significados femeninos, como nos enseña Afrodita, que emerge voluptuosa de la espuma en la mitología griega, pero también es un color que refleja el infinito sideral y, por tanto, la divinidad.

En su dimensión espiritual conduce a la reflexión, al recogimiento en uno mismo, y al hacerlo contiene en sí el germen de la melancolía, ya que preside el riesgo de la soledad.

Reflejando instancias contemplativas, la gama de azules puede llegar al extremo como el azul hielo que transmite una insensibilidad egoica, un frío inaccesible.

VIOLETA. Mención especial merece el color violeta porque no parece poseer un arquetipo universal salvo en su síntesis entre el trascendente azul del cielo y el rojo sangre de la vida.

Casi nunca presente en las cartas del tarot, el término «violeta» define una serie de colores con diferentes matices y usos. Es un color difícil de identificar cromáticamente porque el violeta no tiene longitud de onda propia, tanto es así que por convención sus tonalidades se definen con el signo menos colocado delante de la longitud de onda de su color complementario.

En el antiguo Egipto se temía tanto el poder del violeta que evitaban escribir su nombre o pintar sus tonalidades. El violeta, sin embargo, estaba presente en la amatista, piedra cuyos usos religiosos y mágicos quedan atestiguados en la Biblia, y precisamente durante la descripción del pectoral de oro del sumo sacerdote de Israel en el que estaba engastada.

Inocencio III, con la definición de los colores litúrgicos, lo asimiló al negro, asignándolo a la Semana Santa.

A partir de ese momento, en todo el ámbito católico romano este color estuvo cargado de valores vinculados a la contrición y al duelo, aunque bajo Justiniano el violeta fue en cambio un símbolo del poder imperial, la gloria de las túnicas y los ornamentos.

La misteriosa ambivalencia del violeta parece entonces referirse a la expresividad de la imagen.

ÍNDICE

Cada ser humano en esta Tierra ha nacido con un poder creativo en su interior, un poder que nos permite crear cualquier cosa que deseemos, sin importar lo grande que sea. A través de ese poder, puedes ser, hacer o tener cualquier cosa que desees. Llamamos a este poder el Secreto.

Las cartas de manifestación del Secreto están diseñadas para mantenerte inspirado, elevado y en el camino correcto mientras aplicas este conocimiento que cambia la vida a tu propia vida. Las sesenta y cinco cartas de la baraja están llenas de las enseñanzas más importantes del Secreto sobre la manifestación, así como prácticas simples pero poderosas que te permitirán crear lo que desees: felicidad, salud, riqueza o cualquier cosa que puedas soñar.

La magia de la Gestalt es el resultado de una inspiración guiada por algo más grande que acompaña al ser humano desde tiempos ancestrales.

La Gestalt propone alquimizar lo terrenal y lo espiritual, ayudando a transformar el sufrimiento en belleza: ésta es la magia de la Gestalt. Y esta magia sólo surge en tu encuentro con este libro y sus cartas, al abrir suavemente la puerta a lo que viene, sin descartar nada. Por eso puedes encontrarte con ello innumerables veces y siempre será diferente y nuevo. Porque tú, como la vida, siempre eres nuev@.

La magia de la Gestalt intenta ser un faro en la oscuridad en tus momentos difíciles.